LES
PREMIERES
OEVVRES DE
M. REGNIER.

Au Roy.

A PARIS,

Chez Toyssaincts dy Bray, ruë sainct
Iacques, aux Espies murs, & en sa boutique au
Palais, en la gallerie des prisonniers.

M.DC.VIII.

Auec Priuilege du Roy.

Verùm, vbi plura nitent in Car-
mine, non ego paucis
Offendar maculis.

EPITRE LIMINEAIRE
Au Roy.

IRE,

Ie m'eſtois iuſques icy reſolu de teſmoigner par le ſilĕce, le reſpect que ie doy à voſtre Majeſté. Mais ce que l'on euſt tenu pour reuerĕce, le ſeroit maintenant pour ingratitudé, qu'il luy a pleu me faiſant du bien, m'inſpirer auec vn deſir de vertu celuy de me rendre digne de l'aſpect du plus parfaict & du plus victorieux Monarque du monde. On lit qu'en Etyopie il y auoit vne ſtatuë qui rendoit vn ſon armonieux, toutes les fois que le Soleil leuant la regardoit. Ce meſme miracle (S I R E) auez vous faict en moy qui touché de l'Aſtre de V. M. ay receu la voix & la parole. On ne trouuera donc eſtrange, ſi me reſſentĕt de cet honneur ma Muſe prĕd la hardieſſe de ſe mettre à l'abri de vos Palmes, & ſi temerairement elle oſe vous offrir ce qui par droit eſt le ſia voſtre, puis que vous l'auez fait naiſtre dans vn ſuiect qui n'eſt animé que de vous, & qui aura eternellement e cœur & la bouche ouuerte à vos loüanges, faiſant des vœux & des prieres continuelles à Dieu qu'il vous rende là haut dans le Ciel autant de biens que vous en faites çà bas en terre.

Voſtre tres-huble & tres-obeïſſant
& tres-obligé ſujet & ſeruiteur
REGNIER.

ODE
A REGNIER SVR
ſes Satyres.

Vi de nous ſe pourroit vanter
De n'eſtre point en ſeruitude?
Si l'heur le courage & l'eſtude
Ne nous en ſçauroient exempter:
Si chacun languit abbatu
Serf de l'eſpoir qui l'importune,
Et ſi meſme on voit la vertu
Eſtre eſclaue de la fortune.

L'vn ſe rend aux plus grands ſubieĉt
Les grands le ſont à la contrainte,
L'autre aux douleurs, l'autre à la crainte,
Et l'autre à l'amoureux obieĉt:
Le monde eſt en captiuité,
Nous ſommes tous ſerfs de nature,
Ou vifs de noſtre volupté,
Ou morts de noſtre ſepulture.

Mais en ce temps de fiĉtion
Et que ſes humeurs on deguiſe,
Temps où la ſeruile feintiſe
Se fait nommer diſcretion:
Chacun faiſant le reſerué,
Et de ſon plaiſir ſon Idole,
REGNIER tu t'es bien conſerué.

La liberté de la parole.

Ta libre & veritable voix
Monstre si bien l'erreur des hommes,
Le vice du temps où nous sommes,
Et le mespris qu'on fait des loix:
Que ceux qu'il te plaist de toucher
Des poignants traits de ta Satyre,
S'ils n'auoient honte de pecher,
En auroient de te l'ouïr dire.

Pleust à Dieu que tes vers si doux
Contraires à ceux de Tyrtée
Flechissent l'audace indontée,
Qui met nos Guerriers en couroux:
Alors que la ieune chaleur
Ardents au düel les fait estre,
Exposant leur forte valeur,
Dont il debvroient seruir leur maistre.

Flatte leurs cœurs trop valeureux,
Et d'autres desseins leurs imprimes,
Laisses là les faiseurs de rymes,
Qui ne sont iamais malheureux:
Sinon quand leur temerité
Se feint vn merite si rare,
Que leur espoir precipité
A la fin deuient vn Icare.

Si l'vn d'eux te vouloit blasmer
Par coustume ou par ignorance,
Ce ne seroit qu'en esperance
De s'en faire plus estimer.

Mais alors d'vn vers menaçant
Tu luy ferois voir que ta plume
Eſt celle d'vn Aigle puiſſant,
Qui celles des autres conſume
    Romprois-tu pour eux l'vnion
De la Muſe & de ton génie,
Aſſeruy ſoubs la tyrannie,
De leur commune opinion?
Croy pluſtoſt que iamais les Cieux
Ne regarderent fauorables
L'enuie, & que les enuieux
Sont touſiours les plus miſerables.
    N'eſcry point pour vn foible honneur,
Taſche ſeulement de te plaire,
On eſt moins priſé du vulgaire
Par merite, que par bon-heur.
Mais garde que le iugement
D'vn inſolent te face bleſme:
Ou tu deuiendras autrement
Le propre Tyran de toy-meſme.
    REGNIER la loüange n'eſt rien,
Des faueurs elle a ſa naiſſance,
N'eſtant point en noſtre puiſſance,
Ie ne la puis nommer vn bien.
Fuy donc la gloire qui deçoit
La vaine & credule perſonne,
Et n'eſt pas à qui la reçoit
Elle eſt à celuy qui la donne.

MOTIN.

Extraict du Priuilege du Roy.

PAr grace & Priuilege du Roy, il est permis à M. Regnier, de faire Imprimer par tel Libraire, où Imprimeur qu'il luy plaira, vn liure intitulé, *Les premieres œuures du Sieur Regnier*: Et deffence sont faites à tous autres d'Imprimer, où faire Imprimer ledit liure, sans le congé & consenrement du Libraire que ledit Sieur Regnier aura esleu: & ce iusques au temps & terme de six ans finis & acomplis, à commencer du iour & date que ledit liure sera acheué d'Imprimer, sur peine de confiscation desdits liures qui se trouueroient contrefaits, & d'amende arbitraire, & de tous despens dommages & interest enuers le Libraire, ainsi que plus amplement est contenu & declaré és lettres du Priuilege. Doné à Paris le 23. iour d'Auril l'an de grace 1608. Et de nostre Regne le 19.

Par le Roy en son Conseil DESPORTES.

Signé en queué D. AMBOISE.

ET ledit Sieur Regnier, a permis, & permet, concent & accorde, que Toussaincts du Bray marchant Libraire à Paris, Imprime ou face Imprimer, vende & distribue, & jouysse dudit Priuilege, ainsi qu'il a esté accordé entre eux. Fait ce 13 *May* 1608.

Difficile eſt Satyram non ſcribere.

DISCOVRS,

SATYRE I.

Au Roy.

Vissant Roy des François, Astre
 viuant de Mars,
Dont le iuste labeur surmontant les
 hazards,
Fait voir par sa vertu que la gran-
 deur de France,
Ne pouuoit succomber sous vn au-
tre vaillance:
Vray fils de la valeur de tes peres qui sont,
Ombragez des lauriers qui couronnent leur front,
Et qui depuis mille ans indomtables en guerre
Furent transmis du Ciel pour gouuerner la terre,
Attendant qu'à ton rang ton courage t'eust mis,
En leur Trosne eleué dessus tes ennemis,
Iamais autre que toy n'eust auecque prudence
Vaincu de ton suiect l'ingrate outre cuidance
Et ne l'eust comme toy du danger preserué,
Car estant ce miracle à toy seul reserué,
Comme au Dieu du païs, en ses desseins pariures
Tu fais que tes bontez excedent ses iniures.

A

SATYRE I.

Or aprés tant d'exploits finis heureusement,
Laiffant aus cœurs des tiens, comme vn vif monument
Auecques ta valeur ta clemence viuante,
Dedans l'Eternité de la race fuiuante,
Puiffe tu cõme Augufte admirable en tes faicts
Rouler tes iours heureux en vne heureufe paix,
Ores que la Iuftice icy bas defcenduë
Aus petis, comme aux grands, par tes mains eft renduë,
Que fans peur du larron, trafique le marchant,
Que l'innocent ne tombe aux aguéts du mefchant,
Et que de ta Couronne en palmes fi fertille
Le miel abondamment, & la manne diftille,
Comme des chefnes vieux aus iours du fiecle d'or,
Qui renaiffant fous toy reuerdiffent encor.
    Auiourd'huy que ton fils imitant ton courage,
Nous rend de fa valeur vn fi grand tefmoignage
Que Ieune de fes mains la rage il deconfit,
Eftoufant les ferpens ainfi qu'Hercule fit,
Et domtant la difcorde à la gueule fanglante,
D'impieté, d'horreur, encore fremiffante,
Il luy trouffe les bras de meurtres entachez,
Dé cent chaifnes d'acier fur le dos attachez,
Sous des monceaux de fer dans fes armes l'enterre,
Et ferme pour iamais le temple de la guerre,
Faifant voir clairement par fes faits triomphans,
Que les Roys & les Dieux ne font iamais enfans.
    Si bien que s'efleuant fous ta grandeur profpere,
Genereux heritier d'vn fi genereux pere,
Comblant les bons d'amour & les mefchans d'effroy,

Il se rend au berceau défia digne de toy,

    Mais cest mal contenter mon humeur frenetique,

Passer de la Satyre en un panegyrique,

Ou molement disert sous un suiet si grand

Des lé premier essay mon courage se rend.

Aussi plus grand qu'Enée, & plus vaillant qu'Achille

Tu surpasses l'esprit d'Homere, & de Virgille,

Qui leurs vers à ton los ne peuuent egaller,

Bien que maistres passez en lart de bien parler.

Et quand i egalerois ma Muse à ton merite,

Toute extreme loüange est pour toy trop petite

Ne pouuant le fini ioindre l'infinité:

Et cest aus mieux disans vne temerité

De parler ou le Ciel discourt par tes oracles,

Et ne se taire pas où parlent tes miracles,

Ou tout le monde entier ne bruit que tes proiets,

Ou ta bonté discourt au bien de tes suiets,

Ou nostre aise, & la paix, ta vaillance publie,

Ou le discord étaint, & la loy retablie,

Annoncent ta Iustice ou le vice abatu

Semble en ses pleurs chanter vn hymne à ta vertu.

    Dans le Temple de Delphe, ou Phœbus on reuere,

Phœbus Roy des chansons, & des Muses le pere,

Au plus haut de l'Autel se voit vn laurier sainct,

Qui sa perruque blonde en guirlandes etraint

Que nul prestre du Temple en ieunesse ne touche,

Ny mesme predisant ne le masche en la bouche,

Chose permise aus vieus de sainct zelle enflamez

Qui se sont par seruice en ce lieu confirmez

Denots à son mistere, & de qui la poictrine
Est plaine de l'ardeur de sa verue diuine.
Par ainsi tout esprit n'est propre a tout suiet
L'œil foible s'esblouit en vn luisant obiet,
De tout bois comme on dict Mercure on ne façonne,
Et toute medecine a tout mal n'est pas bonne.
De mesme le laurier, & la palme des Roys
N'est vn arbre ou chacun puisse mettre les doigs,
Joint que ta verta passe en loüange feconde
Tous les Roys qui seront, & qui furent du mon de.

   Il se faut recognoistre, il se faut essayer
Se sonder, s'exercer auant que s'employer
Comme fait vn Luiteur entrant dedans larene,
Qui se tordant les bras tout en soy se demene,
S'alonge, s'acourcit, ses muscles estendant
Et ferme sur ses pieds s'exerce en attendant
Que son ennemy vienne estimant que la gloire
Ja riante en son cœur luy don'ra la victoire.

   Il faut faire de mesme vn œuure entreprenant
Iuger comme au suiet l'esprit est conuenant,
Et quand on se sent ferme, & d'vne aisle assez forte
Laisser aller la plume ou la verue l'emporte.
Mais, SIRE, c'est vn vol bien esleué pour ceux
   Qui foibles d'exercice, & d'esprit paresseux
Enorguillis d'audace en leur barbe premiere
Chanterent ta valeur d'vne façon grossiere
Trahissant tes honneurs auecq' la vanité
D'attenter par ta gloire à l'immortalité.
Pour moy plus retenu la raison ma faict craindre

   A

N'ofant fuiure vn fulet où l'on ne peut attaindre,

J'imite les Romains entore ieune dans,

A qui lon permetoit d'accufer impudans

Les plus vieus de l'eftat, de reprendre, & de dire,

Ce qu'ils penfoient feruir pour le bien de l'Empire.

    Et comme la ieuneffe eft viue, & fans repos,

Sans peur, fans fiction, & libre en fes propos,

Il femble qu'on luy doit permetre dauantage,

Auffi que les vertus floriffent en ceft age

Qu'on doit laiffer meurir fans beaucoup de rigueur,

Affin que tout a laife elles prenent vigueur.

    C'eft ce qui ma contraint de librement efcrire

Et fans piquer au vif me mettre à la Satyre

Ou pouffé du caprice, ainfi que d'vn grand vent,

Ie vais haut dedans l'air quelquefois mefleuant,

Et quelque fois auffi quand la fougue me quitte

Du plus haut, au plus bas, mon vers fe precipitte

Selon que du fuget touché diuerfement

Les vers à mon difcours s'offrent facillement:

Auffi que la Satyre eft comme vne prairie

Qui n'eft belle finon qu'en fa bifarrerie

Et comme vn pot pouri des freres mandians,

Elle forme fon gouft de cent ingredians.

    Or grand Roy dont la gloire en la terre efpandue

Dans vn deffein fi haut rend ma Mufe éperdue

Ainfi que l'œil humain le Soleil ne peut voir

L'efclat de tes vertus offufque tout fçauoir

Si bien que ie ne fçay qui me rend plus coupable,

Ou de dire fi peu d'vn fuiet fi capable

A iij

SATYRE I.

Ou la honte que i'ay d'estre si mal apris,
Ou la temerité de l'auoir entrepris,
Mais quoy par ta bonté qui tout autre surpasse
I'espere du pardon auecque ceste grace
Que tu liras ces vers, ou ieune ie m'ebas
Pour esgayer ma force, ainsi qu'en ces combas
De fleurets on s'exerce, & dans vne barriere
Aus pages l'on reueille vne adresse guerriere
Follement courageuse, affin qu'en passetans
Un labeur vertueux, anime leur printans,
Que leur corps se desnoüe, & se desangourdisse
Pour estre plus adroit, a te faire seruice.
Aussi ie fais de mesme en ces caprices fous,
Ie sonde ma portee, & me taste le pous
Affin que s'il aduient, comme vn iour ie l'espere,
Que Parnasse m'adopte, & se dise mon pere,
Emporté de ta gloire, & de tes faicts guerriers
Ie plante mon lierre au pied de tes Lauriers.

F I N.

A MONSIEVR LE
Comte de Caramain.

SATYRE II.

Omte de qui l'esprit penetre l'Vniuers,
Soigneus de ma fortune, & facille à
mes vers,
Cher soucy de la muse, & sa gloire
future,
Dont l'aimable genie, & la douce
nature.
Faict voir inaccessible aus efforts medisans
Que Vertu n'est pas morte en tous les courtisans,
Bien que foible, & debille, & que mal recongnuë
Son Habit decousu la montre à deminuë,
Quelle ait seche la chair, le corps amenuisé,
Et serue a contre-cœur le vice auctorisé,
Le vice qui Pompeus tout merite repousse,
Et va comme vn banquier en carosse & en housse.
Mais c'est trop sermoné de vice, & de vertu:
Il faut suiure vn sentier qui soit moins rebatu,
Et conduit d'Apollon recognoistre la trace
Du libre Iuuenal, trop discret est Horace,
Pour vn homme piqué, ioint que la passion

Comme sens iugement & sans discretion,
Ce pendant leur mieux sucrer nostre moutarde:
L'homme pour vn caprice est sot qui se hazarde.

Ignorez donc l'auteur de ces vers intertains,
Et comme enfans trouuez qu'ils soient fils de putains,
Exposez en la ruë, a qui mesme la mere.
Pour ne se descouurir faict plus mauuaise chere.

Ce n'est pas que ie croye en ces tans effrontez
Que mes vers soient sans pere, & ne soient adoptez
Et que ces rimasseurs pour faindre vne abondance,
N'approuuent impuissans vne fauce semance;
Comme noz citoyens de race desireux
Qui bercent les enfans qui ne sont pas a eus,
Ainsi tirant profit d'vne fauce doctrine
S'ils en sont accusez ils feront bonne mine,
Et voudront le niant qu'on lise sur leur front.
S'ils se fait vn bon vers que c'est eus qui le font,
Jalous d'vn sot honneur d'vne batarde gloire,
Comme gens entenduz s'en veullent faire accroire,
A faus titre insolens, & sans fruict hazardeus
Pissent au benestier affin qu'on parle d'eus.

Or duecq' tout cecy le point qui me console
C'est que la pauureté comme moy, les affolle,
Et que la grace à Dieu Phœbus, & son troupeau
Nous n'eusmes sur le dos iamais vn bon manteau.
Aussi lors que l'an voit vn homme par la ruë,
Dont le rabat est sale, & la chausse rompuë,
Ses gregues aus genoüs, au coude son pourpoint,
Qui soit de pauure mine, & qui soit mal en point;

Sans

Sans demander son nòm on le peut recognoistre
Car si ce n'est vn Poëte au moins il le veut estre,
Pour moy si mon habit par tout cycatrisé
Ne me rendoit du peuple, & des grands mesprisé,
Je prendrois patience, & parmy la misere
Je trouuerois du goust; mais ce qui doit deplaire
A l'homme de courage, & d'esprit releué,
C'est qu'vn chacun le fuit ainsi qu'vn reprouué,
Car en quelque façon les malheurs sont propices,
Puis les gueus en geusant trouuent maintes delices,
Vn repos qui s'egaye en quelque oysiueté.
Mais ie ne puis patir de me voir reietté,
C'est donc pourquoy si ieune abandonnant la France
J'allay vif de courage, & tout chaud d'esperance,
En la cour d'vn Prelat, qu'auecq mille dangers
J'ay suiuy courtisan aux païs estrangers,
J'ay changé mon humeur, alteré ma nature,
J'ay beu chaud, mangé froid; i'ay couché sur la dure
Je l'ay sans le quitter à toute heure suiuy,
Donnant ma liberté ie me suis asserui,
En publiq à l'Eglise, à la chambre, à la table,
Et pense auoir esté maintefois agreable.

    Mais instruict par le temps à la fin l'ay cogneu
Que la fidelité n'est pas grand reuenu,
Et qu'a mon tans perdu sans nulle autre esperance
L'honneur d'estre suiect tient lieu de recompanse
N'ayant autre interest de dix ans tu passez
Sinon que sans regret ie les ay despensez,
Puis ie sçay quant à luy qu'il a l'ame Royalle,

B

Et qu'il eſt de Nature & d'humeur liberalle.
Mais, ma foy, tout ſon bien enrichir ne me peus,
Ny domter mon malheur ſi le ciel ne le veut,
C'eſt pourquoy ſans me plaindre en ma deconuenuë
Le malheur qui me ſuit, ma foy ne diminue,
Et rebuté du ſort le maſſerai pourtant,
Et ſans eſtre auancé ie demeure contant
Sçachant bien que fortune eſt ainſi qu'une louue
Qui ſans chois s'abandonne au plus laid qu'elle trouue
Qui releue vn pedant, de nouueau baptiſé,
Et qui par ſes larcins ſe rend authoriſé
Qui le vice ennoblit, & qui tout au contraire
Raualant la vertu la confinne en miſere.
Et puis ie m'iray plaindre apres ces gens icy?
Non, l'exemple du temps n'augmante mon ſoucy.
Et bien qu'elle ne m'ait ſa faueur departie,
Ie n'entends quant a moy de la prendre à partie:
Puis que ſelon mon gouſt ſon infidelité
Ne donne, & n'oſte rien a la felicité.
Mais que veus tu qu'on faſſe en ceſte humeur auſtere?
Il m'eſt comme aux putains mal aiſe de me taire,
Il m'en faut diſcourir de tort & de trauers,
Puis ſouuent la colere engendre de bons vers.
    Mais, Conte, que ſçait-on? elle eſt peut eſtre ſage,
Voire auecque raiſon, inconſtante, Et volage,
Et Deéſſe auiſée aux biens qu'elle depart,
Les adiuge au merite, & non point au hazard.
Puis lon voit de ſon œil, lon iuge de ſa teſte,
Et chacun à ſon dire a droit en ſa requeſte:

Car l'amour de ſoy-meſme, & noſtre affection,
Adiouſte auec vſure à la perfection.
Touſiours le fond du ſac ne vient en euidence,
Et bien ſouuent l'effet contredit l'apparance,
De Socrate à ce point l'arreſt eſt mi-party,
Et ne ſçait on au vray qui des deux a menty,
Et ſi philoſophant le ieune Alcibiade
Comme ſon Cheualier en reçeut l'accolade.

Il n'eſt à decider rien de ſi mal-aisé,
Que ſous vn ſainct habit le vice deguiſé.
Par ainſi i'ay doncq' tort, & ne doy pas me plaindre,
Ne pouuant par merite autrement la contraindre,
A me faire du bien, ny de me departir,
Autre choſe à la fin ſinon qu'vn repentir.

Mais quoy, qui feroit on, puis qu'on ne s'oſe pendre
Encor faut-il auoir quelque choſe, où ſe prendre,
Qui flate en diſcourant le mal que nous ſentons,
Or laiſſant tout cecy retourne à nos moutons,
Muſe, & ſans varier dy nous quelque ſornette,
De tes enfans baſtards ces tiercelets des Poetes,
Qui par les carefours vont leurs vers grimaſſant,
Qui par leurs actions font rire les paſſant,
Et quand la faim les point ſe prenans ſur le voſtre
Comme les eſtourneaux ils s'affament l'vn l'autre.

Cependant ſans ſouliers, ceincure, ny cordon,
L'œil farouche, & troublé l'eſprit à l'abandon,
Vous viennent acoſter comme perſonnes yures,
Et diſent pour bon-iour, Monſieur ie fais des liures,

                                          B ij

On les vent au Palais, & les doctes du tans
A les lire amusez, n'ont autre passetans,

De là sans vous laisser importuns ils vous suiuent,
Vous alourdent de vers, d'alaigresse vous priuent,
Vous parlent de fortune ; & qu'il faut acquerir
Du credit, de l'honneur, auant que de mourir.
Mais que pour leur respect l'ingrat siecle ou nous sommes,
Au pris de la vertu n'estime point les hommes;
Que Ronsard, du Bellay viuants ont eu du bien,
Et que c'est honte au Roy de ne leur donner rien,
Puis sans qu'on les conuie ainsi que venerables,
S'assießent en Prelats les premiers à vos tables,
Où le caquet leur manque, & des dents discourant:
Semblent auoir des yeux ; regret au demourant.

Or la table leuée ils curent la machoire:
Apres graces Dieu beut, ils demandent à boire,
Vous font vn sot discours ; puis au partir de là,
Vous disent, mais Monsieur, me donnez vous cela,
C'est tousiours le refrein qu'ils font à leur balade,
Pour moy ie n'en voy point que ie n'en sois malade,
I'en perds le sentiment du corps tout mutilé,
Et durant quelque iours i'en demeure opilé.

Un autre renfroingné, resueur, melancolique,
Grimaßant son discours semble auoir la colique,
Suant, crachant, toußant, pensant venir au point,
Parle si finement que l'on ne l'entend point.

Un autre ambitieux pour les vers qu'il compose,
Quelque bon benefice en l'esprit se propose,

Et deſſus vn cheual, comme vn ſinge attaché
Meditant vn ſonuet, medite vne Eueſché.

    Si quelqu'vn comme moy leurs ouurages n'eſtime,
Il eſt lourd, ignorant, il n'ayme point la rime,
Difficile, hargneux, de leur vertu ialoux,
Contraire en iugement, au commun bruit de tous,
Que leur gloire il derobe, auecq' ſes artifices.
Les Dames cependant ſe fondent en delices
Liſant leurs beaux eſcrits, & de iour, & de nuit
Les ont au cabinet ſous le cheuet du lict,
Que portez à l'Egliſe ils valent des matines,
Tant ſelon leurs diſcours leurs œuures ſont diuines.

    Encore apres cela ils ſont enfants des Cieux,
Ils ſont iournellement carouſſe auecq' les Dieux
Compagnous de Minerue, & confis en ſcience,
Vn chacun d'eux penſe eſtre vne lumiere en France.

    Ronſard fay-m'en raiſon, & vous autres eſprits
Que pour eſtre viuans en mes vers ie n'eſcris.
Pouuez vous endurer que ces rauques Cygalles
Egallent leur chanſons à voz œuures Royalles,
Ayant voſtre beau nom lachement démenty?
Ha! c'eſt que noſtre ſiecle eſt en tout peruerty:
Mais pourtant quelque eſprit entre tant d'inſolence
Sçait trier le ſçauoir d'auecque l'ignorance,
Le naturel de l'art, & d'vn œil auiſé
Voit qui de Calliope eſt plus fauoriſé.

    Iuſte poſterité à teſmoing ie t'apelle,
Toy qui ſans paſſion, maintiens l'œuure immortelle,

Et qui selon l'esprit, la grace, & le sçauoir,
De race en race au peuple vn ouurage fais voir,
Vange ceste querelle, & iustement separe
Du Cigne d'Apollon la corneille barbare
Qui croassant par tout d'vn orgueil effronté
Ne couche de rien moins que l'immortalité.

    Mais Comte que sert-il d'en entrer en colere?
Puis que le fans le veut nous ny pouuons rien faire,
Il faut rire de tout, aussi bien ne peut-on
Changer chose en Virgile, ou bien l'autre en Platon.

    Quel plaisir penses-tu, que dans l'ame ie sente,
Quand l'vn de ceste troupe en audace insolente,
Vient à Vannes à pied, pour grimper au coupeau
Du Parnasse François, & boire de son eau,
Que froidement reçeu, on l'escoute à grand peine,
Que la Muse en groignant luy deffend sa fontaine,
Et se bouchant l'oreille au recit de ses vers,
Tourne les yeux à gauche & les lit de trauers,
Et pour fruit de sa peine aux grands vens dispersée,
Tous ses papiers seruir à la chair percée.

    Mais comme eux ie suis Paté, & sans discretion
Ie deuiens importun auecq presomption.

    Il faut que la raison retienne le caprice,
Et que mon vers ne soit qu'ainsi qu'vn exercice,
Qui par le ingement doit estre limité
Et selon que le requiert ou l'age, ou la santé.

    Ie ne sçay quel Demon m'a fait deuenir Paté,
Ie n'ay comme ce Grecq des Dieux grand interprete

Dormy sur Helicon, ou ces doctes mignons
Naissent en vne nuict comme les champignons
Si ce n'est que ces tours allant à l'auanture
Resuant comme vn oyson qu'on mene à la pature,
A Vanues i'arriuay, ou suiuant maint discours,
On me fit au iardin faire cinq ou six tours,
Et comme vn Conclauiste entré dans le conclaue,
Le sommelier me prit, & m'enferme en la caue,
Ou beuuant, & mangeant ie fis mon coup d'essay,
Et ou si ie sçay rien, i'apris ce que ie sçay.

    Voyla ce qui ma fait & Poëte, & Satyrique,
Reglant la medisance à la façon antique.
Mais à ce que ie voy s'ympatisant d'humeur,
Jay peur que tout afait ie deuiendray rimeur,
J'entre sur ma loüange, & bouffi d'arrogance,
Si ie n'en ay l'esprit i'en auray l'insolence.
Mais retournons à nous, & sage deuenus
Soyons à leurs dépens vn peu plus retenus,

    Or Comte, pour finir ly doncq' ceste Satyre,
Et voy ceux de ce temps que ie pince sans rire,
Pendant qu'a ce printemps retournant à la cour
J'iray renoir mon maistre, & luy dire bon iour.

F I N.

A MONSIEVR LE MARQVIS
de Cœuures.

SATYRE III.

Arquis, que doy ie faire en ceste
    incertitude?
Doy-ie las de courir me remettre à
    l'estude,
Lire Homere, Aristote, & disciple
    nouueau
Glaner ce que les Greqs ont de ri-
    che, & de beau,
Reste de ces moissons que Ronsard, & Desportes,
Ont remporté du champ sur leurs espaules fortes,
Qu'ils ont comme leur propre en leur gringe entassé,
Egallant leurs honneurs, aux honneurs du passé?
Ou si continuant à courtiser mon maistre,
Ie me doy iusqu'au-bout d'esperance repaistre,
Courtisan morfondu, frenetique, & resueur,
Portrait de la disgrace, & de la defaueur,
Puis sans auoir du bien troublé de resuerie
Mourir dessus vn coffre en vne hostellerie,
En Toscane, en Sauoye, ou dans quelque autre lieu,
Sans pouuoir faire paix, ou trefue auecques Dieu.

Sans

Sans parler ie t'entends il faut suiure l'orage
Aussi bien on ne peut on choisir auantage.
Nous viuons à tatons, & dans ce monde icy
Souuent auecq' trauail on poursuit du soucy:
Car les Dieux courroucéz contre la race humaine
Ont mis auecq' les biens la sueur, & la paine.
Le monde est vn berlan ou tout est confondu:
Tel pense auoir gaigné qui souuent a perdu
Ainsi qu'en vne blanque ou par hazard on tire,
Et qui voudroit choisir souuent prendroit le pire.
Tout depend du Destin, qui sans auoir esgard
Les faueurs, & les biens, en ce monde depart.

    Mais puis qu'il est ainsi que le sort nous emporte,
Qui voudroit se bander contre vne loy si forte:
Suiuons doncq' sa conduite en cest aueuglement.
Qui peche auecq' le ciel peche honorablement.
Car penser s'affranchir c'est vne resuerie,
La liberté par songe en la terre est cherie:
Rien n'est libre en ce monde & chasque homme depend
Comtes, Princes, Sultans, de quelque autre plus grand.
Tous les hommes viuans sont icy bas esclaues
Mais suiuant ce qu'ils sont ils diferent d'entraues
Les vns les portent d'or, & les autres de fer:
Mais n'en deplaise aux vieux, ny leur Philosopher
Ny tant de beaux escrits, qu'on lit en leurs escoles
Pour s'affranchir l'esprit ne sont que des paroles.

    Au ioug nous sommes nez & n'a iamais esté
Homme qu'on ayt veu viure en plaine liberté.

    En vain me retirant enclos en vne estude

Penseroy-ie laisser le joug de seruitude,
Estant serf du desir, d'aprendre, & de sçauoir:
Je ne ferois sinon que changer de deuoir,
C'est l'arrest de nature, & personne en ce monde
Ne sçauroit, controler sa sagesse profonde.

    Puis que peut il seruir aux mortels icy bas
Marquis d'estre sçauant, ou de ne l'estre pas?
Si la science pauure, affreuse est mesprisée
Sert au peuple de fable, aux plus grands de risée;
Si les gens de Latin, des sots sont denigrez
Et si lon n'est docteur sans prendre ses degrés,
Pourueu qu'on soit morguant, qu'on bride sa moustache,
Qu'on frise ses cheueux, qu'on porte vn grand pannache,
Qu'on parle baragouin, & qu'on suiue le vent;
En ce temps du iourd'huy lon n'est que trop sçauant.

    Du siecle les mignons, fils de la poule blanche
Ils tiennent à leur gré la fortune en la manche,
En credit esleuez ils disposent de tout,
Et n'entreprennent rien qu'ils n'en viennent à bout.
Mais quoy, me diras tu, il t'en faut autant faire,
Qui ose à peu souuent la fortune contraire;
Importune le Louure, & de iour, & de nuict
Perds pour t'assugetir & la table, & le lict,
Sois entrant, effronté, & sans cesse importune,
En ce temps l'impudance esleue la fortune.

    Il est vray, mais pourtant ie ne suis point d'auis
De degager mes iours, pour les rendre asseruis,
Et sous vn nouuel astre Aller nouueau pilote,
Conduire en autre mer, mon nauire qui flote,

Entre l'eſpoir du bien, & la peur du danger,
De froiſſer mon attente, en ce bord, eſtranger.

   Car pour dire l'vray c'eſt vn pays eſtrange,
Ou comme vn vray Prothée à toute heure on ſe change,
Ou les loys par reſpect ſages humainnement,
Confondent le loyer auecq le chaſtiment,
Et pour vn meſme fait de meſme intelligence
L'vn eſt iuſticié, l'autre aura recompence.

   Car ſelon l'intereſt, le credit, ou l'apuy
Le crime ſe condamne, & s'abſout auiourd'huy,
Ie le dy ſans confondre en ces aigres remarques
La clemence du Roy, le miroir des Monarques,
Qui plus grand de vertu, de cœur, & de renom,
S'eſt acquis de Clement, & la gloire, & le nom.

   Or quant à ton conſeil qu'à la cour ie m'engage
Ie n'en ay pas l'eſprit, non plus que le courage.
Il faut trop de ſçauoir, & de ciuiltié,
Et ſi i'oſſe en parler trop de ſubtilité,
Ce n'eſt pas mon humeur, ie ſuis melancolique,
Ie ne ſuis poinr entrant, ma façon eſt ruſtique,
Et le ſurnom de bon me va tou reprochant,
D'autant que ie n'ay pas l'eſprit d'eſtre meſchant.

   Et puis ie ne ſcaurois me forcer ny me faindre,
Trop libre en volonté ie ne me puis contraindre,
Ie ne ſcaurois flater, & ne ſçay point comment
Il faut ſe taire acort, ou parler fauſſement,
Benir les fauoris de geſte, & de parolles,
Parler de leurs ayeux, au iour de Cerizolles,
Des hauts faicts de leur race, & comme ils ont acquis

SATYRE III.

Ce titre de auecq' honneur de Ducs, & de Marquis.
    Ie n'ay point tant d'esprit pour tant de menterie:
Ie ne puis m'adonner à la cageollerie:
Selon les accidens, les humeurs ou les iours,
Changer comme d'habits tous les mois de discours.
Suiuant mon naturel ie hay tout artifice,
Ie ne puis deguiser, la vertu, ny le vice,
Offrir tout de la bouche, & d'vn propos menteur,
Dire pardieu Monsieur ie vous suis seruiteur,
Pour cent bonadies s'arrester en la ruë,
Faire sus l'vn des pieds en la sale la gruë
Entendre vn mariollet qui dit auecq' mespris
Ainsi qu'asnes ces gens sont tout vestus de gris,
Ces autres verdelets aux peroquets ressemblent,
Et ceux-cy mal peignez deuant les Dames tremblent,
Puis au partir de la comme tourne le vent
Auecques vn bon iour amys comme deuant.
    Ie n'entends point le cours du Ciel, ny des planetes,
Ie ne sçay deuiner les affaires secretes,
Cognoistre vn bon visage, & iuger si le cœur
Contraire à ce qu'on voit ne seroit point moqueur.
    De porter vn poullet ie n'ay la suffisance,
Ie ne suis point adroit, ie n'ay point d'eloquence
Pour colorer vn faict, ou detourner la foy,
Prouuer qu'vn grand amour n'est suiect à la loy,
Suborner par discours vne femme coquette,
Luy conter des chansons de Ieanne, & de Paquette,
Desbaucher vne fille, & par viues raisons
Luy monstrer comme Amour faict les bonnes maisons,

Les maintient, les esleue, & propice aux plus belles
En honneur les auance, & les faict Damoyselles,
Que c'est pour leur beaux nez que se font les ballets,
Qu'elles sont le suiect des vers, & des poulets,
Que leur nom retentit dans les airs que lon chante,
Qu'elles ont à leur suite vne troupe beante
De langoureux transis, & pour le faire court
Dire qu'il n'est rien tel qu'aymer les gens de court
Aleguant maint exemple en ce siecle où nous sommes,
Qu'il n'est rien si facile a prendre que les hommes,
Et qu'on ne s'enquiert plus s'elle a faict le pourquoy,
Pourueu qu'elle soit riche, & qu'elle ayt bien dequoy,
Quand elle auroit suiuy le ramp à la Rochelle
S'elle a force ducats elle est toute pucelle.
L'honneur estropié, languissant, & perclus,
N'est plus rien qu'vne idolle en qui lon ne croit plus.

　　Or pour dire cecy il faut force mistere,
Et de mal discourir il vaut bien mieux se taire.
Il est vray que ceux la qui n'ont pas tant d'esprit
Peuuent mettre en papier leur dire par escrit,
Et rendre par leurs vers, leur Muse maquerelle;
Mais pour dire le vray ie n'en ay la ceruelle.

　　Il faut estre trop prompt, escrire à tous propos
Perdre pour vn sonnet & sommeil, & repos.
Puis ma muse est trop chaste, & i'ay trop de courage,
Et ne puis pour autruy façonner vn ouurage.
Pour moy i'ay de la court autant comme il m'en fault,
Le vol de mon dessein ne s'estend point si haut:
De peu ie suis content, encor que mon maistre

S'il luy plaisoit vn iour mon trauail recognoistre
Peut autant qu'autre Prince, & a trop de moyen
D'eleuer ma fortune & me faire du bien,
Ainsy que sa Nature à la vertu facile
Promet que mon labeur ne doit estre inutille,
Et qu'il doit quelque iour mal-gré le sort cuisant
Mon seruice honorer d'vn honneste present,
Honneste, & conuenable à ma basse fortune,
Qui n'abaye, & m'aspire ainsy que la commune
Apres l'or du Perou, ny ne tend aux honneurs,
Que Rome departit aux vertuz des Seigneurs.

Que me sert de m'asseoir le premier à la table,
Si la faim d'en auoir me rend insatiable?
Et si le fais leger d'vne double Euesché
Me rendant moins contant me rend plus empesché?
Si la gloire, & la charge à la peine adonnée
Rend sous l'ambition mon ame infortunée,
Et quand la seruitude aprit l'homme au colles
I'estime que le Prince est moins que son valet,
C'est pourquoy ie ne tends à fortune si grande,
Loing de l'ambition, la raison me commande:
Et ne pretends auoir autre chose sinon
Qu'vn simple benefice, & quelque peu de nom,
Affin de pouuoir viure, auecq' quelque asseurance,
Et de m'oster mon bien, que l'on ait conscience.

Alors vrayement heureux les liures feuilletant
Ie rendrois mon desir, & mon esprit contant,
Car sans le reuenu l'estude nous abuse,
Et le corps ne se paist au banquets de la muse.

Ses mets sont de sçauoir discourir par raison,
Comme l'ame se meut vn tans en sa prison,
Et comme déliurée elle monte diuine
Au Ciel lieu de son estre, & de son origine,
Comme le Ciel mobile eternel en son cours
Fait les siecles, les ans, & les mois, & les iours,
Comme aux quatre elemens, les matieres encloses,
Donnent comme la mort la vie à toutes choses,
Comme premierement les hommes dispercez,
Furent par l'armonie, en troupes amassez,
Et comme la malice en leur ame glissée,
Troubla de noz ayeux l'innocente pensée,
D'ou n'aquirent les loys, les bourgs, & les citez,
Pour seruir de gourmete à leurs mechancetez,
Comme ils furent en fin redüis sous vn Empire,
Et beaucoup d'autre plats qui seroient longs à dire,
Et quand on en sçauroit ce que Platon en sçait,
Marquis tu n'en serois plus gras, ny plus refait.

Car c'est vne viande en esprit consommée,
Legere à l'estomach, ainsi que la fumée.
Sçais tu pour sçauoir bien ce qu'il nous sieut sçauoir?
C'est s'affiner le goust de cognoistre, & de voir,
Aprendre dans le monde, & lire dans la vie,
D'autres secrets plus fins que de Philosophie.
Et qu'auecq' la science il faut vn bon esprit,
Or entends à ce point ce qu'vn Grec en escrit,
Iadis vn loup, dit-il, que la faim espoinçonne,
Sortant hors de son fort rencontre vne Lionne
Rugissante à l'abord, & qui monstroit aux dens
...

L'infatiable faim qu'elle auoit au dedans,
Furieufe elle aproche, & le loup qui l'auife,
D'vn langage flateur luy parle, & la courtife:
Car ce fut de tout tans que ployant fous l'effort,
Le petit cede au grand, & le foible au plus fort.

  Luy di-ie qui craignoit que faute d'autre proye,
La befte l'attaquaft, fes rufes il employe.
Mais enfin le hazard fi bien le fecourut,
Qu'vn mulet gros, & gras à leurs yeux aparut,
Ils cheminent difpos croyant la table prefte,
Et s'aprochent tous deux affez prés de la befte,
Le loup qui la congnoift, malin, & deffiant,
Luy regardant aux pieds luy parloit en riant:
D'ou es-tu? qui es-tu? quelle eft ta nouriture?
Ta race, ta maifon, ton maiftre, ta nature?
Le mulet eftonné de ce nouueau difcours
De peur ingenieux, aux rufes eut recours,
Et comme les Normans fans luy repondre voire,
Compere, ce dit-il, ie n'ay point de memoire,
Et comme fans efprit, ma grand mere me vit,
Sans m'en dire autre chofe au pied me l'efcriuit.

  Lors il leue la iambe au jaret ramaffée,
Et d'vn œil innocent il couuroit fa penfée,
Se tenant fufpendu fur les pieds en auant:
Le loup qui l'aperçoit fe leue de deuant,
S'excufant de ne lire auecq' cefte parolle,
Que les loups de fon tans n'alloient point à l'ecolle:
Quand la chaude lionne a qui l'ardante faim,
Alloit precipitans la rage, & le deffein,

           S'aproche

S'aproche plus sçauante en volonté de lire,
Le mulet prend le tans, & du grand coup qu'il tire
Luy enfonce la teste, & d'vne autre façon,
Qu'elle ne sçauoit poinr, luy aprit sa leçon.

   Alors le loup s'enfuit voyant la beste morte,
Et de son ignorance ainsi se reconforte:
N'en deplaise aux Docteurs, Cordeliers, Iacopins,
Pardieu les plus grand clers ne sont pas les plus fins.

F I N.

D

A MONSIEVR
Motin.

SATYRE IIII.

 Otin la Muse est morte, ou la fa-
ueur pour elle;
En vain dessus Parnasse Apollon
on apelle,
En vain par le veiller on acquiert
du sçauoir,
Si fortune s'en mocque, & s'on ne
peut auoir,
Ny honneur, ny credit non plus que si noz paines
Estoient fables du peuple inutiles, & vaines.
Or va romps toy la teste, & de iour & de nuict,
Pallis dessus vn liure à l'apetit d'vn bruit
Qui nous honore apres que nous sommes sous terre,
Et de te voir paré de trois brins de lierre,
Comme s'il importoit estans ombres la bas,
Que nostre nom vescust ou qu'il ne vescust pas;
Honneur hors de saison, inutile mérite
Qui viuans nous trahit, & qui morts nous profite;
Sans soing de l'auenir ie te laisse le bien

Qui vient à contrepoil alors qu'on ne sent rien.
Puis que viuant icy, de nous on ne faict conte,
Et que noſtre vertu engendre noſtre honte.

  Doncq' par d'autres moyens à la court familiers,
Par vice, ou par vertu acquerons des lauriers,
Puis qu'en ce monde icy on n'en faict differance,
Et que ſouuent par l'vn l'autre ſe recompenſe
Aprenons à mentir, mais d'vne autre façon,
Que ne fait Caliope ombrageant ſa chanſon,
Du voille d'vne fable, afin que ſon miſtere
Ne ſoit ouuert à tous, ny conghneu du vulguaire.

  Aprenons à mentir, noz propos deguiſer,
A trahir noz amys, noz ennemis baiſer
Faire la court aux grands, & dans leurs antichambres,
Le chapeau dans la main, nous tenir ſur noz membres,
Sans oſer ny cracher, ny touſſir, ny s'aſſeoir,
Et nous couchant du iour, leur donner le bonſoir,

  Car puis que la fortune aueuglement diſpoſe
De tout, peut eſtre en fin aurons nous quelque choſe,
Qui pourra deſtourner l'ingrate aduerſité,
Par vn bien incertain a tatons debité,
Comme ces courtiſans qui s'en faiſant acroire,
N'ont point d'autre vertu, ſinon dire voire.

  Or laiſſons doncq' la Muſe, Apollon, & ſes vers,
Laiſſons le luc, la lyre, & ces outils diuers,
Dont Apollon nous flatte, ingrate freneſie,
Puis que pauure & quémande on voit la poëſie,
Où i'ay par tant de nuits mon trauail occupé,
Mais quoy ie te pardonne, en ſi tu n'as trompé

                                    D ij

La honte en soit au siécle, où viuant d'age en age
Mon exemple rendra quelque autre esprit plus sage.
   Mais pour moy mon amy ie suis fort mal payé,
D'auoir suiuy cet art, si i'eusse estudié,
Jeune laborieux sur vn bancq à l'escolle,
Gallien, Hipocraté, ou Iason, ou Bartolle
Vne cornete au col debout dans vn parquet,
A tort & à trauers ie vendrois mon caquet,
Où bien tastant le poulx, le ventre & la poitrine,
J'aurois vn beau teston pour iuger d'vne vrine,
Et me prenant au néz loucher dans vn bassin,
Des ragous qu'vn malade offre à son Medecin,
En dire mon aduis, former vne ordonnance,
D'vn rechapes il peut, puis d'vne reuerence,
Contrefaire l'honneste, & quand viendroit au point,
Dire en serrant la main, Dame il n'en falloit point.
   Il est vray que le Ciel qui me regarda naistre,
S'est de mon iugement tousiours rendu le maistre,
Et bien que ieune enfant mon Pere me tançast,
Et de verges souuent mes chançons menaçast,
Me disant de depit, & bouffy de colere,
Badin quitte ces vers, & que penses-tu faire?
La Muse est inutile, & si ton oncle a sçeu,
S'auancer par cet art tu t'y verras deçeu.
   Vn mesme Astre tousiours n'eclaire en ceste terre,
Mars tout ardans de feu nous menace de guerre,
Tout le monde fremit, & ces grands mouuemens,
Couuent en leurs fureurs de piteux changemens,
   Pense-tu que le lut, & la lyre des Poëtes

S'acorde d'armonie auecques les trompettes,
Les fiffres, les tambours, le canon, & le fer,
Concert extrauagant des musiques d'enfer.

   Toute chose à son regne, & dans quelques années,
D'vn autre œil nous verrons les fieres destinées.

   Les plus grands de ton tans dans le sang aguerris,
Comme en Trace seront brutalement nourris,
Qui rudes n'aymeront la lyre de la Muse,
Non plus qu'vne vielle ou qu'vne cornemuse.
Laisse donc te métier, & sage prens le soing
De t'acquerir ton art qui te serue au besoing.

   Ie ne scay mon amy par quelle prescience,
Il eut de noz Destins si claire congnoissance,
Mais pour moy ie scay bien que sans en faire cas,
Ie mesprisois son dire, & ne le croyois pas,
Bien que mon bon Démon souuent me dist le mesme:
Mais quand la passion en nous est si extreme,
Les aduertissemens n'ont ny force ny lieu:
Et l'homme croit a peine aux parolles d'vn Dieu.

   Ainsi me tançoit-il d'vne parolle emeüe,
Mais comme en se tournant ie le perdoy de veüe
Ie perdy la memoire auecques ses discours,
Et resueur m'esgaray tout seul par les destours,
Des Autres & des Bois affreux & solitaires,
Ou la Muse en dormant m'enseignoit ses misteres,
M'aprenoit des secrets & m'echaufant le sein,
De gloire & de renom releuoit mon dessein.
Inutile science, ingrate, & mesprisée,
Qui sert de fable au peuple aux plus grands de risée.

                          D iij

Encor' seroit ce peu si sans estre auancé,
Lon auoit en cet art son age depençé,
Apres vn vain honneur que le tans nous refuse,
Si moins qu'vne Putain l'on n'estimoit la Muse,
Eusse tu plus de feu, plus de soing, & plus d'art
Que Iodelle n'eut oncq', Desportes, ny Ronsard;
Lon te fera la moüe, & pour fruiët de ta paine,
Ce n'est ce dirat-on qu'vn Poete à la douzaine.

Car on n'a plus le goust comme on l'eut autrefois,
Apollon est gené par de sauuages loix,
Qui retiennent sous l'art sa nature offusquée,
Et de mainte figure est sa beauté masquée,
Si pour sçauoir former quatre vers enpoullez
Faire tonner des mots mal ioincts & mal collez,
Amy l'on estoit Poete, on verroit cas estranges,
Les Poetes plus espais que mouches en vandanges.

Or que dés ta ieunesse Apollon t'ait apris,
Que Caliope mesme ait tracé tes escris,
Que le neueu d'Atlas les ait mis sur la lyre,
Qu'en l'Autre Thespean ont ait daigné les lire,
Qu'ils tiennent du sçauoir de l'antique leçon,
Et qu'ils soient imprimez des mains de Patisson,
Si quelqu'vn les regarde & ne leur sert d'obstacle,
Estime mon amy que c'est vn grand miracle.

Lon a beau faire bien, & semer ses escris
De ciuette, bainioin, de musc, & d'ambre'gris,
Qu'ils soient plains relevez & graues à l'oreille,
Qu'ils fassent sourciller les doctes de merueille,
Ne pense pour cela estre estimé moins fol,

Et sans argent contant qu'on te preste vn licol,

N'y qu'on n'estime plus (humeur extrauaganté)

Vn gros asne pourueu de mille escuz de rente.

    Ce malheur est venu de quelques ieunes veaux

Qui mettent a l'encan l'honneur dans les bordeaux,

Et raualant Phœbus, les Muses, & la grace,

Font vn bouchon à vin du laurier de Parnasse,

A qui le mal de teste est commun & fatal,

Et vont bisarement en poste à l'hopital,

Disant s'on n'est hargneux, & d'humeur difficille,

Que lon est mesprisé de la troupe ciuille,

Que pour estre bon Poete il faut tenir des fous,

Et desirent en eux, ce qu'on mesprise en tous,

Et puis en leur chanson sotement importune,

Ils accusent les grands, le Ciel, & la fortune,

Qui fustez de leurs vers en sont si rebatus,

Qu'ils ont tiré cet art du nombre des vertus,

Tiennent a mal d'esprit leurs chansons indiscrettes

Et les mettent au ranc des plus vaines sornetes,

    Encore quelques grands affin de faire voir,

De Mœcene riuaux qu'ils ayment le sçauoir,

Nous voient de bon œil, & tenant vne gaule,

Ainsi qu'à leurs cheuaux nous en flatent l'espaule,

Auecque bonne mine, & d'vn langage doux,

Nous disent souriant, & bien que faictes vous?

Auez vous point sur vous quelque chanson nouuelle?

J'en vy ces iours passez de vous, vne si belle,

Que cest pour en mourir, ha ma foy ie voy bien,

Que vous ne m'aymez plus, vous ne me donnez rien.

Mais on lit à leurs yeux & dans leur contenance,
Que la bouche ne parle ainsi que l'ame pense,
Et qui c'est mon amy vn gremoire & des mots
Dont tous les courtisans endorment les plus sots,

 Mais ie ne m'apercoy que trenchant du prudhomme,
Mon tans en ce caquets sottement ie consomme,
Que mal instruit ie porte en Brouage du sel,
Et mes coquilles vendre à ceux de sainct Michel.

 Doncq' sans mettre l'enchere aux sotises du monde.
Ny gloser les humeurs de Dame Fredegonde,
Ie diray librement pour finir en deux mots;
Que la plus part des gens sont habillez en sots.

F I N.

Satyre v.

A MONSIEVR BETAVLT
Euesque de Sées.

SATYRE V.

Ertault ceſt vn grand cas quoy que lon
   puiſſe faire,
Il n'eſt moyen qu'vn homme à chaçun
   puiſſe plaire
Et fuſt-il plus parfaict que la perfection.

L'homme voit par les yeux de ſon affection,
Chaque fat à ſon ſens dont ſa raiſon s'eſcrime,
Et tel blaſme en autruy ce dequoy ie l'eſtime,
Tout ſuyuant l'intelec change d'ordre & de rang,
Les Mores auiourd'huy peignent le Diable blanc,
Le ſel eſt doux aux vns, le ſucre amer aux autres,
Lon reprend tes humeurs ainſi qu'on fait les noſtres,
Les Critiques du tans m'apellent debauché,
Que ie ſuis iour & nuict aux plaiſirs ataché,
Que i'y pers mon eſprit, mon ame & ma ieuneſſe,
Les autres au rebours accuſent ta ſageſſe,
Et ce hautain deſir qui te faict mepriſer,
Plaiſirs, treſors, grandeurs pour t'immortaliſer,
Et diſent ô chetifs qui mourant ſur vn liure,
Penſez ſeconds Phœnis en voz cendres reuiure,
Que vous eſtes trompez en voſtre propre erreur,

E

Car & vous & vos vers viuez par procureur.
Vn liuret tout moyfi vit pour vous & encore
Comme la mort vous fait, la taigne le deuore,
Ingrate vanité dont l'homme se repaift,
Qui baille apres vn bien qui fottement luy plaift.

Ainfi les actions aux langues font fugettes,
Mais ces diuers rapors font de foibles fagettes,
Qui bleçent feulement ceux qui font mal armez,
Non pas les bons efpris à vaincre acoutumez,
Qui fçauent auifez auecq' differance,
Separer le vray bien du fard de l'apparance.

C'eft vn mal bien eftrange au cerueaux des humains
Qui fuiuant ce qu'ils font malades ou plus fains,
Digerent la viande, & felon leur nature,
Ils prennent ou mauuaife ou bonne nouriture.

Ce qui plaift à l'œil fain offence vn chaffieux,
L'eau fe iaunit en bile au corps du bilieux,
Le fang d'vn Hidropique en pituite fe change,
Et l'eftommac gafté pourit tout ce qu'il mange,
De la douce ligueur rouffoyante du Ciel,
L'vne en fait le venin, & l'autre en fait le miel
Ainfi c'eft la nature, & l'humeur des perfonnes,
Et non la qualité qui rend les chofes bonnes.

Charnellement fe ioindre auecq' fa paranté,
En France c'eft incefte, en Perfe charité,
Tellement qu'à tout prendre en ce monde ou nous fommes,
Et le bien, & le mal depend du gouft des hommes,
Or fans me tourmenter des diuers apetis,
Quels ils font aux plus grands, & quels aux plus petis,

Ie te veux discourir comme ie trouue estrange,
Le chemin d'ou nous vient le blasme, & la loüange,
Et comme i'ay l'esprit de Chimeres brouillé,
Voyant qu'vn More noir m'appelle barbouillé,
Que les yeux de trauers s'offensent que ie lorgne,
Et que les quinze vints disent que ie suis borgne.

    C'est cē qui m'en deplaist encor que i'aye apris,
En mon Philosopher d'auoir tout a mépris.
Penses tu qu'à present vn homme a bonne grace,
Qui dans le four l'Euesque enterine sa grace,
Ou l'autre qui poursuit des abolitions,
De vouloir ietter l'œil dessus mes actions,
Vn traistre vn vsurier, qui par misericorde,
Par argent, ou faueur s'est saué de la corde,
Moy qui dehors sans plus ay veu le Chastelet,
Et que iamais sergent ne saisit au collet,
Qui vis selon les loix & me contiens de sorte
Que ie ne tremble point quand on heurte à ma porte,
Voyant vn President le cœur ne me tressault,
Et la peur d'vn Preuost ne m'eueille en sursault,
Le bruit d'vne recherche au logis ne m'areste,
Et nul remord facheux ne me trouble la teste,
Ie repose la nuict suz l'vn & l'autre flanc,
Et ce pandant Bertault ie suis desus le ranc.

    Scaures du tans present, hipocrites seueres,
Vn Claude effrontement parle des adulteres,
Milon sanglant encor reprend vn assassin,
Grache, vn seditieux, & Verres, le larcin,

    Or pour moy tout le mal que leur discours m'objecte,
C'est que mon humeur libre a l'amour est sugette

E ij

Que i'ayme mes plaisirs, & que les passetans,
Des amours m'ont rendu grison auant le tans,
Qu'il est bien malaisé que iamais ie me change,
Et qu'a d'autres façons ma ieunesse se range.

    Mon oncle ma conté que montrant à Ronsard,
Tes vers estincellants & de lumiere, & d'art,
Il ne sçeut que reprendre en ton aprentissage
Sinon qu'il te iugeoit pour vn Poete trop sage,

    Et orès au contraire, ou m'obiecte à peché,
Les humeurs qu'en ta Muse il eust bien recherché.
Aussi ie memerueille au feu que tu recelles,
Qu'vn esprit si rasis ait des fougues si belles,
Car ie tien comme luy que le chaud element,
Qui donne ceste pointe au vif entendement,
Dont la verue s'eschauffe & s'emflamé de sorte,
Que ce feu dans le Ciel sur des aisles l'emporte,
Soit le mesme qui rend ie Poete ardant & chaud,
Suiect à ses plaisirs de courage si haut,
Qu'il meprise le peuple, & les choses communes,
Et brauant les faueurs se moque des fortunes,
Qui le fait debauché, frenetique resuant.
Porter la teste basse, & l'esprit, dans le vent
Egayer sa fureur parmy des precipices,
Et plus qu'a la raison suiect à ses caprices.

    Faut il doncq à present s'etonner si ie suis
Enclin à des humeurs qu'euiter ie ne puis,
Ou mon temperament malgré moy me transporte,
Et rend la raison foible ou la nature est forte,
Mais que ce mal me dure il est bien malaisé,

L'homme ne se plaist pas d'estre tousiours fraisé,
Chaque age a ses façons, & change la Nature,
De sept ans en sept ans nostre temperature;
Selon que le Soleil se loge en ses maisons,
Se tournent noz humeurs, ainsi que noz saisons,
Toute chose en viuant auecq l'age s'altere
Le debauché se rit des sermons de son pere,
Et dans vingt & cinq ans venant à se changer,
Retenu, vigilant, soigneux, & mesnager,
De ces mesmes discours ses fils ils admoneste.
Qui ne font que s'en rire & qu'en hocher la teste,
Chaque age a ses humeurs, son goust, & ses plaisirs,
Et comme nostre poil blanchissent noz desirs.

Nature ne peut pas l'age en l'age confondre:
L'enfant qui sçait desia demander & respondre,
Qui marque asseurement la terre de ses pas.
Auecque ses pareils se plaist en ses ébas,
Il fuit, il vient, il parle, il pleure, il saute d'aise,
Sans raison d'heure en heure, il s'émeut, & s'apaise.

Croissant l'age en auant sans soing de gouuerneur
Releué, courageux, & cupide d'honneur,
Il se plaist aux cheuaux, aux chiens, à la campagne,
Facile au vice il hait les vieux, & les dedagne,
Rude a qui le reprend, paresseux à son bien,
Prodigue, depencier, il ne conserue rien,
Hautain, audacieux, conseiller de soy mesme,
Et d'vn cœur obstiné s'heurte à ce qu'il aime.

L'age au soing se tournant homme fait il acquiert,
Des biens, & des amis, si le tans le requiert,
Il masque ses discours, comme sur vn theatre,

Subtil' ambitieux l'honneur il idolatre,
Son esprit auisé preuient le repentir,
Et se garde d'vn lieu difficille à sortir.

    Maints fâcheux accidans surprennent sa vieillesse,
Soit qu'auecq du soucy gagnant de la richesse,
Il s'en deffend l'vsage, & craint de s'en seruir,
Que tant plus il en à, moins s'en peut assouuir,
Ou soit qu'auecq' froideur il fasse toute chose,
Imbecille, douteux, qui voudroit, & qui n'ose,
Dilayant, qui tousiours à l'œil sur l'auenir,
De leger il n'espere, & croit au souuenir,
Il parle de son tans, difficille & seuere,
Censurant la ieunesse vse des droits de pere,
Il corrige, il reprend, hargneux en ses façons,
Et veut que tous ses mots soient autant de leçons.

    Voilla doncq de par Dieu comme tourne la vie,
Ainsi diuersement aux huméurs asseruie,
Que chaque age depart a chaque homme en viuant,
De son temperament la qualité suiuant,
Et moy qui ieune encor en mes plaisirs m'égaye,
Il faudra que ie change, & mal-gré que i'en aye
Plus soigneux deuenu plus froid, & plus rassis,
Que mes ieunes pensers cedent aux vieux soucis,
Que i'en paye l'escot remply iusque à la gorge,
Et que i'en rende vn iour les armes à sainct George.

    Mais de ces discoureurs il ne s'en trouue point,
Ou pour le moins bien peu qui cognoissent ce point,
Effrontez, ignorans, n'ayants rien de solide,
Leur esprit prend l'essor ou leur langue le guide,

Sans voir le fond du sac ils prononcent l'arest,
Et rangent leurs discours, au point de l'interest,
Pour exemple parfaitte il n'ont que l'aparance,
Et c'est ce qui nous porte a ceste indifferance,
Qu'ensemble l'on confond le vice & la vertu,
Et qu'on l'estime moins qu'on n'estime vn festu.

   Aussi qu'importe-il de mal ou de bien faire,
Si de noz actions vn iuge volontaire,
Selon ses apetis les decide, & les rend
Dignes de recompense, ou d'vn suplice grand:
Si tousiours noz amis, en bon sens les expliquent,
Et si tout au rebours noz haineux nous en piquent,
Chacun selon son goust s'obstine en son party,
Qui fait qu'il n'est plus rien qui ne soit peruerty,
La vertu, n'est vertu, l'enuie la deguise,
Et de bouche sans plus le vulgaire la prise,
Au lieu du iugement, regnent les passions,
Et donne l'interest, le pris, aux actions.

   Ainsi ce vieux resueur qui nagueres à Rome
Gouuernoit vn enfant & faisant le preud'homme,
Contre-caroit Caton, Critique en ses discours,
Qui tousiours rechinoit & reprenoit tousiours,
Apres que cet enfant s'est fait plus grand par l'age
Reuenant à la court d'vn si lointain voyage,
Ce Critique changeant d'humeurs & de cerueau,
De son pedant qu'il fut, deuient son maquereau.

   O gentille vertu qu'aisement tu te changes,
Non non ces actions meritent des louanges,
Car le voyant tout seul qu'on le prenne à serment,

Il dira qu'icy bas l'homme de iugement,
Se doit accommoder au tans qui luy commande,
Et que c'est à la court vne vertu bien grande.

Donq' la mesme vertu le dressant au poulet,
De vertueux qu'il fut le rend Dariolet,
Donq' à si peu de frais, la vertu se profane,
Se deguise, se masque & deuient courtisane,
Se transforme aux humeurs, suit le cours du marché,
Et dispence les gens de blasme & de peché.

Peres des siecles vieux exemple de la vie,
Dignes d'estre admirez d'vne honorable enuie,
(Si quelque beau desir viuoit encor' en nous)
Nous voyant de la haut Peres qu'en dittes vous.

Iadis de vostre tans la vertu simple & pure
Sans fard, sans fiction imitoit sa nature,
Austere en ses façons, seuere en ses propos,
Qui dans vn labeur iusle egayoit son repos,
D'hommes vous faisant Dieux vous paissoit d'ambrosie,
Et donnoit place au Ciel à vostre fantasie.
La lampe de son front par tout vous esclairoit,
Et de toutes frayeurs voz esprits asseuroit,
Et sans penser aux biens ou le vulgaire pense,
Elle estoit vostre prix, & vostre recompense,
Ou la nostre auiourd'huy qu'on reuere icy bas,
Va la nuict dans le bal, & dance les cinq pas,
Se parfume, se frise, & de façons nouuelles
Veut auoir par le fard du nom entre les belles,
Fait creuer les courtaux en chassant aux forests:
Court le faquin, la bague, escrime des fleurets:

Monte

Monte vn cheual de bois , fait defus des Pommades,
Talonne le Genet, & le dreffe aux paffades,
Chante des airs nouueaux , inuente les ballets,
Sçait efcrire , & porter , les vers , & les poulets,
A l'œil toufiours au guet , pour des tours de fouplesse,
Glofe fur les habits , & fur la gentilleffe,
Se plaift à l'entretien , commente les bons mots,
Et met à mefme pris , les fages , & les fots.

  Et ce qui plus encor' m'enpoifonne de rage,
Eft quand vn Charlatan releue fon langage,
Et de coquin faifant , le Prince reueftu,
Baftit vn Paranimfe à fa belle vertu,
Et qu'il n'eft crocheteur n'y courtault de boutique,
Qui n'eftime à vertu l'art ou fa main s'aplique,
Et qui paraphrafant fa gloire , & fon renom,
Entre les vertueux ne veuille auoir du nom.

   Voilla comme a prefent chacun l'adulterife,
Et forme vne vertu comme il plaift à fa guife,
Elle eft comme au marché dans les impreffions,
Et s'adiugeant au taux de noz affections,
Fait que par le caprice , & non par le merite,
Le blafme , & la loüange au hazard fe debite:
Et peut vn ieune fot , fuiuant ce qu'il conçoit,
Ou ce que par fes yeux , fon efprit en reçoit,
Donner fon iugement , en dire ce qu'il penfe,
Et mettre fans refpec noftre honneur en balance.

   Mais puis que c'eft le tans , m'efprifant les rumeurs,
Du peuple , laiffon là le monde en ces humeurs,

                                                F

SATYRE V.

Et si selon son goust, vn chacun en peut dire,
Mon goust sera Bertault de n'en faire que rire.

FIN.

A MONSIEVR DE BETHVNE
estant Ambassadeur Pour sa Majesté à Rome.

SATYRE VI.

Ethune si la charge ou ta vertu
    s'amuse,
Te permet écouter les chansons
    que la Muse,
De sus les bords du Tibre & du
    mont Palatin,
Me fait dire en François au ri-
    uage Latin,
Ou comme au grand Hercule, à la poictrine large
Nostre Atlas de son fais sur ton dos se descharge,
Te commet de l'Estat l'entier gouuernement,
Ecoute ce discours tissu bijarement,
Ou ie ne pretens point escrire ton Histoire,
Je ne veux que mes vers s'honorent en la gloire,
De tes nobles ayeux, dont les faits releuez,
Dans les cœurs des Flamens sont encore grauez,
Qui tiennent à grandeur de ce que tes Ancestres
En armes glorieux furent iadis leurs maistres.
    Ni moins comme ton frere aidé de ta vertu,

Par force, & par conſeil, en France a combatu,
Ces auares Oyſeaux dont les grifes gourmandes,
Du bon Roy des François, rauiſſoient les viandes,
Suget trop haut pour moy, qui doy ſans m'egarer,
Au champ de ſa valeur, la voir, & l'admirer.

Auſſi ſelon le corps on doit tailler la robe:
Je ne veux qu'à mes vers noſtre Honneur ſe derobe,
Ny qu'en tiſſant le fil de voz faits plus qu'humains,
Dedans ce Labirinte il m'eſchape des mains,
On doit ſelon la force entreprendre la paine,
Et ſe donner le ton ſuyuant qu'on a d'halaine,
Non comme vn fou chanter de tort, & de trauers.

Laiſſãt doncq' aux ſçauãs à vous paindre en leurs vers,
Haut eſleuez en l'air ſur vne aiſle dorée,
Dignes imitateurs des enfans de Borée.

Tandis qu'à mon pouuoir mes forces meſurant,
Sans prendre ny Phœbus, ny la Muſe à garant,
Je ſuyuray le caprice en ces pays eſtranges
Et ſans paraphraſer tes faits, & tes loüanges,
Ou me fantaſier le cerueau de ſoucy,
Sur ce qu'on dit de France, où ce qu'on voit icy,
Je me deſchargeray d'vn fais que ie dedaigne,
Suffiſant de creuer vn Genet de Sardaigne,
Qui pourroit defaillant en ſa morne vigueur,
Succomber ſoubs le fais que ſay deſus le cœur.

Or ce n'eſt point de voir, en regne la ſottiſe,
L'Auarice, & le Luxe, entre les gens d'Egliſe,
La Iuſtice à lancan, l'Innocent opreſſé:
Le conſeil corrompu, ſuiure l'intereſſé

Les eſtats peruertis toute choſe ſe vendre,
Et n'auoir du credit qu'au prix qu'on peut depēdre.

Ny moins que la valeur, naît icy plus de lieu,
Que la nobleſſe coure en poſte à l'hoſtel Dieu,
Que les ieunes oyſifs, aux plaiſirs s'abandonnent,
Que les femmes du tans, ſoient à qui plus leur donnent,
Que l'yſure ait trouué (bien que ie n'ay dequoy
Tant elle a bonne dents) que mordre deſus moy.

Tout cecy ne me peſe, & l'eſprit ne me trouble,
Que tout s'y peruertiſſe il ne m'en chaut d'vn double,
Du tans, ny de l'eſtat, il ne faut s'affliger,
Selon le vent qui fait l'homme doit nauiger.

Mais ce dont ie me deuls eſt bien vne autre choſe,
Qui fait que l'œil humain, iamais ne ſe repoſe,
Qu'il s'abandonne en proye aux ſoucis plus cuiſans.

Ha! que ne ſuis-ie Roy pour cent ou ſix vingts ans,
Par vn Edit public qui fuſt irreuocable,
Ie bannirois l'Honneur, ce monſtre abominable,
Qui nous trouble l'eſprit & nous charme ſi bien,
Que ſans luy les humains, icy ne voyent rien,
Qui trahit la nature, & qui rend imparfaite,
Toute choſe qu'au gouſt, les delices ont faicte.

Or ie ne doute point, que ces eſprits boſſus,
Qui veulent qu'on les croye en droite ligne yſſus,
Des ſept ſages de Grece, a mes vers ne s'opoſent,
Et que leurs iugemens deſus le mien ne gloſent.

Comme de faire entendre a chacun que ie ſuis,
Auſſi perclus d'eſprit comme Pierre du Puis,
De vouloir ſottement que mon diſcours ſe dore,

Au despens d'vn siget que tout le monde adore,
Et que te suis de plus priué de iugement,
De t'offrir ce caprice ainsi si librement.

A toy qui des ieunesse apris en son escolle,
As adoré l'Honneur, d'effect, & de parolle,
Qui las pour vn but sainct, en ton penser profond,
Et qui mourois plustost, que luy faire vn faux bond.

Ie veux bien auoir tort en cette seulle chose,
Mais ton doux naturel, fait que ie me propose,
Librement te montrer a nu mes passions,
Comme a cil qui pardonne, aux imperfections:
Qu'ils n'en parlent doncq' plus & qu'estrange on ne trouue,
Si ie hay plus l'Honneur qu'vn mouton vne louue.

L'Honneur que soubs faux tiltre habite auecque nous,
Qui nous oste la vie & les plaisirs plus doux,
Qui trahit nostre espoir & fait que lon se plaine,
Apres l'esclat fardé d'vne aparance vaine:
Qui seure les desirs & passe meschamment,
La plume par le becq' a nostre sentiment,
Qui nous veut faire entendre en ses vaines chimeres,
Que pour ce qu'il nous touche, il se perd si noz meres,
Noz femmes, & noz sœurs, font leurs maris ialoux
Comme si leurs desirs dependissent de nous.

Ie pense quant a moy que cest homme fut yure,
Qui changea le premier l'vsage de son viure,
Et rangeant soubs des loys, les hommes escartez,
Bastit premierement & villes & citez,
De tours & de fossez renforça ses murailles,
Et r'enferma dedans cent sortes de quenailles.

De cest amas confus, naquirent a l'instant,
L'enuie, le mespris, le discord inconstant
La peur, la trahison, le meurtre, la vengeance
L'horrible desespoir; & toute ceste engeance,
De maux, qu'on voit regner en l'Enfer de la court,
Dont vn pedant de Diable en ses leçons discourt
Quand par art il instruit ses escoliers pour estre,
(S'il ce)peut faire en mal plus grands clers que leurs maistre.

Ainsi la liberté du monde s'enuola,
Et chascun se campant qui deça, qui dela
De hayes, de buissons remarqua son partage,
Et la fraude fist lors la figue au premier age.

Lors du Mien, & du Tien, n'aquirent les proces,
A qui l'argent depart bon, ou mauuais succes,
Le fort batit le foible, & luy liura la guerre,
De la l'Ambition fit anuahir la terre,
Qui fut auant le tans que suruindrent ces maux,
Vn hospital commun, a tous les animaux,
Quand le mary de Rhée au siecle d'innocence,
Gouuernoit doucement le monde en son enfance;
Que la terre de soy le fourment raportoit,
Que le chesne de Masne & de miel degoutoit:
Que tout viuoit en paix, qu'il n'estoit point d'vsures:
Que rien ne se vendoit, par poix ny par mesures:
Qu'on n'auoit point de peur qu'vn Procureur fiscal,
Formast sur vne eguille vn long proces verbal:
Et se iettant d'aguet dessus vostre personne,
Qu'vn Barisel vous mist dedans la Tour de Nonne.

Mais si tost que Fils le Pere dechassa,

Tout fans defus defous icy fe renuerfa,
Les foucis, les ennuis, nous bouillerent la tefte,
L'on ne pria les fainéts, qu'au fort de la tempefte,
L'on trompa fon prochain la médifance eut lieu,
Et l'Hipocrite fift barbe de paille à Dieu,
L'homme trahit fa foy, d'ou vindrent les Notaires,
Pour attacher au ioug, les humeurs volontaires.

　　La faim, & la cherté fe mirent fur le rang,
La fiebure, les charbons, le maigre flux de fang,
Commencerent d'eclore, & tout ce que l'Autonne,
Par le vent de midy, nous aporte & nous donne.

　　Les foldats puis apres, ennemis de la paix,
Qui de l'auoir d'autruy ne fe foulent iamais,
Troublerent la campagne, & faccageant noz villes,
Par force en noz maifons, violerent noz filles,
D'ou naquit le Bordeau qui s'eleuant debout,
A l'inftant comme vn Dieu s'etendit tout par tout,
Et rendit Dieu mercy ces fiebures amoureufes,
Tant de galants pelez, & de femmes galeufes,
Que les perruques font & les drogues encor,
(Tant on en a befoing) auffi cheres que l'or.

　　Encore tous ces maux ne feroient que fleurettes,
Sans ce maudit Honneur ce conteur de fornettes,
Ce fier ferpent qui couue vn venin foubs des fleurs,
Qui n'oye iour & nuict noz efprits en noz pleurs.

　　Car pour ces autres maux c'eftoient legeres paines,
Que Dieu donna felon les foibleffes humaines.

　　Mais ce traiftre cruel excedant tout pouuoir,
Nous fait fuer le fang foubs vn pefant deuoir,
　　　　　　　　　　　　　De Chimeres

De Chimeres nous pipe & nous veut faire, acroire,
Qu'au trauail seulement doibt consister la gloire,
Qu'il faut perdre & someil, & repos, & repas,
Pour tâcher d'aquerir vn suget qui n'est pas,
Ou s'il est, que iamais aux yeux ne se decoure,
Et perdu pour vn coup iamais ne se recoure,
Qui nous gonfle le cœur de vapeurs & de vent,
Et d'exces par luy mesme il se perd bien souuent.
  Puis on adorera ceste menteuse Idolle,
Pour Oracle on tiendra ceste croyance folle,
Qu'il n'est rien de si beau que tomber bataillant,
Qu'au despens de son sang, il faut estre vaillant,
Mourir d'vn coup de lance, ou du choc d'vne pique,
Comme les Paladins de la saison antique,
Et respendant l'esprit, blessé par quelque endroit,
Que nostre Ame s'enuolle en Paradis tout droit.
  Ha! que c'est chose belle & fort bien ordonnée,
Dormir dedans vn lict la grasse matinée,
En Dame de Paris, s'habiller chaudement,
A la table s'asseoir, manger humainement,
Se reposer vn peu, puis monter en carosse,
Aller à Gentilly caresser vne Rosse,
Pour escroquer sa fille & venant à l'effect,
Luy monstrer comme Iean, a sa mere le fait.
  Ha! Dieu pourquoy faut-il que mon esprit ne vaille,
Autant que cil qui mist les Souris en bataille,
Qui sceut à la Grenouille aprendre son caquet,
Ou que l'autre qui fist en vers vn Sobsquet,

G

Ie serois esloigné de toute raillerie,
Un pasme grand, & beau, de la poltronnerie,
En depit de l'honneur, & des femmes qui l'ont,
D'effect sous la chemise, ou d'aparance au front,
Et m'asseure pour moy qu'en ayant leu l'Histoire,
Elles ne seroient plus, si sottes que d'y croire.

    Mais quand ie considere ou l'Ingrat nous reduit,
Comme il nous ensorcelle & comme il nous seduit,
Qu'il assemble en festin, au Regnard, la Ciguóigne,
Et que son plus beau ieu, ne gist rien qu'en sa rtóigne.

    Celuy le peut bien dire a qui des le berceau,
Ce malheureux Honneur, a tint le becq en l'eau,
Qui le traine à tastons, quelque part qu'il puisse estre,
Ainsi que fait vn chien, vn aueugle, son maistre:
Qu'il s'en va doucement apres luy pas, a pas,
Et librement ce fie, a ce qui ne voit pas.

    S'il veut que plus long tans à ces discours ie croyes
Qu'il m'offre a tout le moins quelque chose qu'on voye,
Et qu'on sauoure, affin qu'il se puisse sçauoir,
Si le goust dement point ce que l'œil en peut voir.

    Autrement quant a moy ie luy fay banqueroute,
Estant imperceptible il est comme la Goutte:
Et le mal qui caché nous oste l'embon-point,
Qui nous tuë à veu d'œil, & que l'on ne voit point.
On a beau se charger de telle marchandisse,
A peine en auroit on vn Catrin à Venise,
Encor qu'on voye apres, courir certains cerueaux,
Comme apres les raisins, courent les Estourneaux.

Qué font tous ces vaillans de leur valeur gueriere,
Qui touchent du penser, l'Etoille poussiniere,
Morguent la Destinee & gourmendent la mort,
Contre qui rien ne dure, & rien n'est assez fort,
Et qui tout transparants de claire renommée,
Dressent cent fois le iour, en discours vne armee,
Donnent quelque bataille, & tuant vn chacun,
Font que mourir & viure a leur dire n'est qu'vn:
Releuez, emplumez, braues comme sainct George,
Et Dieu scait cependant s'ils mentent par la gorge,
Et bien que de l'honneur, ils facent des leçons,
Enfin au fond du sac, ce ne font que chansons.

  Mais mon Dieu que ce Traistre est d'vne estrange sorte
Tandis qu'a le blasmer la raison me transporte,
Que de luy ie medis il me flate, & me dit,
Que ie veux par ces vers acquerir son credit,
Que c'est ce que ma Muse en trauaillant pourchasse,
Et mon intention qu'estre en sa bonne grace,
Qu'en medisant de luy ie le veux requerir,
Et tout ce que ie fay que c'est pour l'aquerir.

  Si ce n'est qu'on diroit qu'il me l'auroit fait faire,
Je l'irois apeller comme mon aduersaire,
Aussi que le duël est icy defendu,
Et que d'vne autre part i'ayme l'Indiuidu.

  Mais tandis qu'en colere a parler ie m'areste,
Ie ne m'apercoy pas, que la viande est preste,
Qu'icy non plus qu'en France on ne s'amuse pas,
A discourir d'honneur quand on prend son repas,

SATYRE V.

Le sommelier en haste, est sorty de la caue,
Desia Monsieur le maistre, & son monde se laue,
Tresues auecq' l'honneur ie m'en vais tout courant,
Decider au Tinel vn autre different.

FIN.

A MONSIEVR LE MARQVIS
de Cœures.

SATYRE VII.

Otte, & facheufe humeur, de la
plus part des hommes,
Qui fuyuât ce qu'il sont, iugent ce
que nous sommes,
Et fucrant d'vn souris, vn dif-
cours ruineux,
Acusent vn chacun des maux
qui sont en eux,
Nostre Melancolique en sçauoit bien que dire,
Qui nous pique en riant, & nous flate sans rire,
Qui porte vn cœur de sang, desous vn front blemy,
Et duquel il vaut moins estre amy qu'ennemy.
Vous qui tout au contraire auez dans le courage,
Les mesmes mouuemens qu'on vous lit au visage,
Et qui parfaict amy, voz amis espargnez,
Et de mauuais discours leur vertu n'eborgnez,
Dont le cœur grand, & ferme, au changement ne playe,
Et qui fort librement, en l'orage s'employe,
Ainsi qu'vn bon patron, qui soigneux, sage, & fort,

G iij

Sauue ses compagnons, & les conduit a bord
  Congnoissant doncq en vous vne vertu facille,
Aporter les defauts, d'vn esprit imbecille,
Qui dit sans aucun fard, ce qu'il sent librement,
Et dont iamais le cœur, la bouche ne dement,
Comme a mon confesseur vous ouurant ma pensée,
De ieunesse, & d'Amour, follement incensée,
Ie vous conte le mal, où trop enclin ie suis,
Et que prest a laisser ie ne veux & ne puis,
Tant il est mal aisé, d'oster auecq' estude,
Ce qu'on a de nature, où par longue habitude.
  Puis la force me manque, & n'ay le iugement
De conduire ma barque en ce rauissement,
Au gouffre du plaisir, la courante m'emporte,
Tout ainsi qu'vn cheual qui a la bouche forte
I'obeis au caprice, & sans discretion,
La raison ne peut rien dessus ma passion.
  Nulle loy ne retient mon ame abandonnée,
Ou soit par volonté, ou soit par Destinée
En vn mal euident ie clos l'œil a mon bien:
Ny conseil, ny raison, ne me seruent de rien.
Ie choppe par dessein, ma faute est volontaire,
Ie me bande les yeux, quand le Soleil m'éclaire:
Et contant de mon mal ie me tien trop heureux,
D'estre comme ie suis, en tous lieux amoureux,
Et comme a bien aymer mille causes m'inuitent,
Aussi mille beautez mes amours ne limitent,
Et courant ça, & la, ie trouue tous les iours,
En des sujets noueaux de nouuelles amours,

Si de l'œil du deſir, vne femme i'auiſe,
Ou ſoit belle, ou ſoit laide, ou ſage, ou mal apriſe,
Elle aura quelque trait qui de mes ſens vainqueur,
Me paſſant par les yeux me bleſſera le cœur:
Et c'eſt comme vn miracle, en ce monde ou nous ſommes,
Tant l'aueugle apetit enſorcelle les hommes
Qu'encore qu'vne femme aux amours faſſe peur,
Que le Ciel, & Venus, la voye a contre-cœur,
Toutesfois eſtant femme, elle aura ſes delices,
Releuera ſa grace auecq' des artifices,
Qui dans l'eſtat d'amour la ſçauront maintenir,
Et par quelques attraits les amans retenir.

Si quelqu'vne eſt difforme, elle aura bonne grace,
Et par l'art de l'Eſprit, embellit a ſa face,
Captiuant les Amans des mœurs, ou du diſcours,
Elle aura du credit en l'Empire d'amours.

En cela l'on cognoiſt que la Nature eſt ſage,
Qui voyant les deffaux du fœminin ouurage,
Qu'il ſeroit ſans reſpect, des hommes m'epriſé,
L'anima d'vn eſprit, & vif, & deguiſé,
D'vne ſimple innocence elle adoucit ſa face,
Elle luy miſt au ſein, la ruſe, & la falace,
Dans ſa bouche la foy, qu'on donne a ſes diſcours,
Dont ce ſexe trahit les Cieux, & les amours,
Et ſelon plus ou moins qu'elle eſtoit belle, ou laide.
Sage elle ſçeut ſi bien vſer d'vn bon remede,
Diuiſant de l'eſprit, la grace, & la beauté,
Qu'elle les ſepara d'vn & d'autre coſté,
De peur qu'en les ioignant quelqu'vne euſt l'auantage,

Auecq' vn bel esprit d'auoir vn beau visage.
  La belle du depuis ne le recherche point,
Et l'esprit rarement, à la beauté se ioint.
  Or affin que la laide autrement inutille,
Dessous le ioug d'amour rendit l'homme seruille,
Elle ombragea l'esprit d'vn morne aueuglement,
Auecques le desir troublant le iugement,
De peur que nulle femme, ou fust laide, ou fust belle,
Ne vescust sans le faire, & ne mourust pucelle.
  D'ou vient que si souuent les hommes offusquez,
Sont de leurs apetis si lourdement moquez,
Que d'vne laide femme, ils ont l'ame eschauffée,
Dressent à la laideur d'eux mesmes vn trophée,
Pensent auoir trouué la febue du gasteau,
Et qu'au sarail du Turc il n'est rien de si beau.
  Mais comme les beautez soit des corps, ou des ames,
Selon l'obiect des sens sont diuerses aux Dames,
Aussi diuersement les hommes sont domtez,
Et font diuers effets les diuerses beautez.
(Estrange prouidence, & prudente methode,
De Nature qui sert vn chascun a sa mode.)
  Or moy qui suis tout flame & de nuit & de iour,
Qui n'haleine que feu, ne respire qu'amour,
Ie me laisse emporter à mes flames communes,
Et cours sous diuers vens de diuerses fortunes,
Rauy de tous obiects, i'ayme si viuement,
Que ie n'ay pour l'amour ny chois, ny iugement:
De toute election, mon ame est depourueüe,
Et nul obiect certain, ne limite ma veüe,

Toute

Toute femme m'agrée , & les perfections,
Du corps ou de l'esprit troublent mes passions,
J'ayme le port de l'vne, Et de l'autre la taille,
L'autre d'vn trait lacif, me liure la bataille,
Et l'autre dedaignant d'vn œil seuere, & dous
Ma peine, & mon amour, me donne mille coups,
Soit qu'vne autre modeste à l'impourueu m'auise,
De vergongne, & d'amour mon ame est toute éprise,
Je sens d'vn sage feu mon esprit enflamer,
Et son honnesteté me contrainct de l'aymer.

   Si quelque autre afettée en sa douce malice,
Gouuerne son œillade auecq de l'artifice,
J'ayme sa gentillesse, & mon nouueau desir,
Se la promet sçauante en l'amoureux plaisir.

   Que l'autre parle liure, & fasse des merueilles,
Amour qui prend par tout me prend par les oreilles,
Et iuge par l'esprit parfaict en ses acords,
Des points plus acomplis que peut auoir le corps:
Si l'autre est au rebours des lettres nonchalante,
Je croy qu'au fait d'amour elle sera sçauante,
Et que nature habille a couurir son deffaut
Luy aura mis au lict tout l'esprit qu'il luy faut.

   Ainsi de toute femme à mes yeux opposée,
Soit parfaite en beauté, ou soit mal composée.
De mœurs, ou de façons, quelque chose m'en plaist,
Et ne sçay point comment, n'y pourquoy n'y que cest.

   Quelque obiect, que l'esprit, par mes yeux, se figure,
Mon cœur tendre à l'amour, en reçoit la pointure:
Comme vn miroir en soy toute image reçoit,

                                             H

Il reçoit en amour quelque object que ce soit,
Autant qu'vne plus blanche, il ayme vne brunette,
Si l'vne a plus d'esclat, l'autre est plus sadinette,
Et plus viue de feu, d'amour, & de desir,
Comme elle en reçoit plus, donne plus de plaisir.

    Mais sans parler de moy que toute amour emporte,
Voyant vne beauté folatrement acorte,
Dont labord soit facile, & l'œil plain de douceur,
Que semblable à Venus on l'estime sa sœur,
Que le Ciel sur son front ait posé sa richesse,
Qu'elle ait le cœur humain, le port d'vne Déesse,
Quelle soit le tourment, & le plaisir des cœurs,
Que Flore sous ses pas fasse naistre des fleurs,
Au seul trait de ses yeux, si puissans sur les ames,
Les cœurs les plus glacez sont tous brulans de flames,
Et fut-il de metail, ou de bronze, ou de roc,
Il n'est Moine si sainct qui n'en quittast le froc.

    Ainsi moy seulement sous l'Amour ie ne plie,
Mais de tous les mortels la nature accomplie,
Flechit sous cest Empire, & n'est homme icy bas,
Qui soit exempt d'amour, non plus que du trepas:
    Ce n'est doncq' chose estrange (estant si naturelle)
Que ceste passion me trouble la ceruelle,
M'empoisonne l'esprit, & me charme si fort,
Que i'aimeray, ie croye, encore apres ma mort.

    Marquis voila le vent dont ma nef est portée,
A la triste mercy de la vague indomtée,
Sans cordes, sans timon, sans etoille, ny iour,
Reste ingrat, & piteux de l'orage d'amour,

Qui contant de mon mal, & ioyeux de ma perte,
Se rit de voir de flots ma poitrine couuerte,
Et comme sans espoir flote ma passion,
Digne non de risee, ains de compassion.

Ce pendant incertain du cours de la tempeste,
Ie nage sur les flots, & releuant la teste,
Ie semble depiter naufrage audacieux,
L'infortune, les vents, la marine, & les Cieux,
M'egayant en mon mal comme vn melancolique,
Qui repute à vertu, son humeur frenetique,
Discourt de son caprice, en caquete tout haut:

Aussi comme à vertu i'estime ce deffaut,
Et quand tout par malheur iureroit mon dommage,
Ie mouray fort contant mourant en ce voyage.

F I N.

H ij

SATYRE VIII.

A MONSIEVR L'ABE DE BEAVLIEV,
nommé par sa Majesté à l'Euesché
du Mans.

SATYRE VIII.

Harles de mes pechez iay bien fait
 penitence,
Or toy qui te cognois aux cas de
 conscience,
Iuge si i'ay raison, de penser estre ab-
 soubs,
I'oyois vn de ses iours, la Messe à
 deux genoux,
Faisant mainte oraison, l'œil au Ciel, les mains iointes,
Le cœur ouuert aux pleurs, & tout percé des pointes,
Qu'vn deuot repentir élançoit dedans moy,
Tremblant des peûrs d'Enfer, & tout bruslant de foy.
 Quand vn ieûne frisé, releué de moustache,
De galoche, de boîte, & d'vn ample pennache,
Me vint prendre, & me dist, pensant dire vn bon mot,
Pour vn Poete du tans, vous estes trop deuot,
Moy ciuil, ie me leue, & le bon iour luy donne,
(Qu'heureux est le solastre, à la teste grisonne,

Qui brusquement eust dit aiieca' vne sambieu)
Ouy-bien pour vous Monsieur qui ne croyez en Dieu?

    Sotte discretion ie voulus faire acroire,
Q'vn Poete n'est bisarre, & facheux qu'apres boire,
Je baisse vn peu la teste, & tout modestement,
Je luy fis à la mode, vn petit compliment,
Luy comme bien apris, le mesme me sceut rendre,
Et ceste courtoisie a si haut pris me vendre,
Que iaymerois bien mieux, chargé d'agé, & d'ennuys,
Me voir à Rome pauure, entre les mains des Iuys.

    Il me prist par la main, apres mainte grimace,
Changeant sur l'vn des pieds, a toute heure de place,
Et dansant tout ainsi qu'vn Barbe encastelé,
Me dist en remachant vn propos aualé,
Que vous estes heureux vous autres belles ames,
Fauoris d'Apolon, qui gouuernez les Dames,
Et par mille beaux vers les charmez tellement,
Que n'est point de beautez, que pour vous seullement,
Mais vous les meritez, voz vertuz non communes,
Vous font digne Monsieur de ces bonnes fortunes.

    Glorieux de me voir, si hautement loué,
Je deuins aussi fier qu'vn chat amadoüé,
Et sentant au Palais, mon discours se confondre,
D'vn ris de sainct Medard il me fallut répondre,
Ie poursuyt, mais amy, laissons le discourir,
Dire cent, & cent fois, il en faudroit mourir,
Sa Barbe pinçoter, cageoller la science,
Releuer ses cheueux, dire en ma conscience,
Faire la belle main, mordre vn bout de ses gueuts,

Rire hors de propos, monſtrer ſes belles dents,
Se carrer ſur vn pied, faire arſer ſon eſpee,
Et s'adoucir les yeux ainſi qu'vne poupée:
Cependant qu'en trois mots ie te feray ſçauoir,
Ou premier a mon dam ce facheux me peut voir.

Ieſtois chez vne Dame, en qui ſi la Satyre,
Permetoit en ces vers que ie le peuſſe dire,
Reluit, enuironné, de la diuinité,
Vn eſprit auſſi grand, que grande eſt ſa beauté.

Ce Fanfarou chez elle, eut de moy cognoiſſance,
Et ne fut de parler iamais en ma puiſſance,
Luy voyant ce iour là, ſon chapeau de velours,
Rire d'vn facheux conte, & faire vn ſot diſcours,
Bien qu'il m'euſt à l'abord doucement fait entendre,
Qu'il eſtoit mon valet, a vendre & a dependre,
Et detournant les yeux belle a ce que i'entens,
Comment vous gouuernez, les beaux eſprits du tans,
Et faiſant le doucet de parole, & de geſte,
Il ſe met ſur vn lict, luy diſant ie proteſte,
Que ie me meurs d'amour, quand ie ſuis pres de vous,
Ie vous ayme ſi fort que i'en ſuis tout ialoux,
Puis rechangeant de note, il monſtre ſa rotonde,
Ceſt ouurage eſt-il beau, que vous ſemble du monde,
L'homme que vous ſçauez, m'a dit qu'il n'ayme rien,
Madame a voſtre auis, ce iourd'huy ſuis-ie bien,
Suis-ie pas bien chauſſé, ma iambe eſt elle belle,
Voyez ce tafetas la mode en eſt nouuelle,
Ceſt œuure de la Chine, a propos on m'a dit
Que contre les clinquants le Roy fait vn edit:

Sur le coude il se met, trois boutons se delace,
Madame baisez moy, n'ay-ie pas bonne grace,
Que vous estes facheuse, à la fin on verra,
Rosete le premier qui s'en repentira.

D'assez d'autres propos il me rompit la teste,
Voila quant & comment ie cogneu ceste beste,
Te iurant mon amy que ie quitté ce lieu,
Sans demander son nom, & sans luy dire adieu.

Ie n'eus depuis ce iour, de luy nouuelle aucune,
Si ce n'est ce matin que de male fortune,
Ie fus en ceste Eglise, ou comme i'ay conté,
Pour me persecutter Satan l'auoit porté.

Apres tous ces propos qu'on se dit d'ariuée,
D'vn fardeau si pesant ayant l'ame greuée,
Ie chauuy de l'oreille & demourant pensif,
L'echine i'alongois comme vn asne retif,
Minutant me sauuer de ceste tirannie,
Il le iuge a respect ô sans ceremonie,
Ie vous suply (dit-il) viuons en compagnons,
Ayant ainsi qu'vn pot les mains sur les roignons,
Il me pousse en auant me presente la porte,
Et sans respect des Saincts hors l'Eglise il me porte.
Aussi froid qu'vn ialoux qui voit son corriual,
Sortis il me demande, estes vous à cheual,
Auez vous point icy quelqu'vn de vostre troupe,
Ie suis tout seul a pied, luy de m'offrir la croupe,
Moy pour m'en depétrer, luy dire tout expres,
Ie vous baise les mains, ie m'en vais icy pres,
Chez mon oncle disner, ô Dieu le galand homme,

I'en suis, & moy pour lors comme vn bœuf qu'on assomme,
Ie laisse choir la teste, & bien peu s'en salut,
Remettant par depit, en la mort mon salut,
Que ie n'alasse lors la teste la premiere,
Me ietter du pont neuf, a bas en la riuiere.

Incensible il me tresne en la court du Palais,
Ou trouuant par hasard quelqu'vn de ses valets,
Il l'appelle & luy dit, hola hau Ladreuille,
Qu'on ne m'attende point, ie vay disner en ville.

Dieu sçait si ce propos me trauersa l'esprit,
Encor n'est-ce pas tout, il tire vn long escrit,
Que voyant ie fremy, lors sans cageollerie,
Monsieur, ie ne m'entends à la chicannerie,
Celuy dis-ie, feignant l'auoir veu de trauers,
Aussi n'en est-ce pas, ce sont des meschans vers,
(Je cogneu qu'il estoit veritable a son dire)
Que pour tuer le tans ie m'efforce d'ecrire,
Et pour vn courtisan, quand vient l'occasion,
Ie montre que i'en sçay pour ma prouision.)

Il lit, & se tournant brusquement par la place.
Les banquiers étonnez admiroient sa grimace,
Et montroient en risnt qu'ils ne luy eussent pas,
Presté sur son minois, quatre double ducats.
(Que ieusse bien donnez pour sortir de sa pate,)
Ie l'ecoute, & durant que l'oreille, il me flate,
Le bon Dieu sçait comment a chaque fin de vers,
Tout expres ie discis quelque mot de trauers,
Il poursuit non obstant d'vne fureur plus grande,
Et ne cessa iamais qu'il n'eust fait sa legende.

Me voyant

Me voyant froidement ses œuures adkouër,
Il les serre, & se met luy mesme à se loüer,
Doncq' pour vn Caualier n'est-ce pas quelque chose:
Mais Monsieur n'auez vous iamais veu de ma prose?
Moy de dire que si : tant ie craignois, qu'il eust
Quelque proces verbal, qu'entendre il me fallust.
　　Encore dittes moy, en vostre conscience,
Pour vn qui n'a du tout nul acquis de science,
Cecy n'est-il pas rare il est vray sur ma foy,
Luy dis-ie sourlant, lors se tournant vers moy,
M'acolle a tour de bras, & tout petillant d'aise,
Doux comme vne epousee, à la iouë il me baise:
Puis me flatant l'épaule, il me fist librement,
L'honneur que d'aprouuer, mon petit iugement,
Apres ceste caresse, il rentre de plus belle,
Tantost il parle à l'vn, tantost l'autre l'apelle,
Tousiours noueaux discours, & tant fut-il humain
Que tousiours de faueur il me tint par la main
J'ay peur que sans cela i'ey l'ame si fragille,
Que le laissant du guet i'eusse peu faire gille,
Mais il me fut bien force estant bien attaché,
Que ma discretion, expiast mon peché.
　　Quel héur ce m'eust esté, si sortant de l'Eglise,
Il m'eust conduit chez luy, & m'ostant la chemise,
Ce beau valet à qui, ce beau maistre parla,
M'eust donné languillade, & puis m'eust laissé là,
Honorable defaite, heureuse échapatoire,
Encores de rechef me la fallut-il boire,
　　Il vint a reparler desus le bruit qui court,

I

De la Royne, du Roy, des Princes, de la Court,
Que Paris est bien grand, que le Pont neuf s'acheue,
Si plus en paix qu'en guerre, vn Empire s'éleue,
Il vint a definir, que c'estoit qu'Amitié
Et tant d'autres Vertus, que c'en estoit pitié.
Mais il ne definit, tant il estoit nouice,
Que l'Indiscretion est vn si facheux vice,
Qu'il vaut bien mieux mourir, de rage, ou de regret,
Que de viure à la gesne auecq' vn indiscret.
   Tandis que ses discours me donnoient la torture,
Je sonde tous moyens pour voir si d'auanture,
Quelque bon accident, eust peu m'en retirer.
Et m'enpescher en fin de me desesperer.
   Voyant vn President, ie luy parle d'affaire,
S'il auoit des proces, qu'il estoit necessaire
D'estre tousiours aprés, ces Messieurs bonneter,
Qu'il ne laissast pour moy, de les soliciter,
Quant à luy qu'il estoit homme d'intelligence,
Qui sçauoit comme on perd son bien par negligence,
Ou marche l'interest, qu'il faut ouurir les yeux.
Ha! non Monsieur (dit-il) i'aymerois beaucoup mieux
Perdre tout ce que i'ay, que vostre compagnie,
Et se mist aussi-tost sur la ceremonie,
Moy qui n'ayme a debatre en ces fadeses là,
Vn tans sans luy parler, ma langue vacila:
Enfin ie me remets sur les cageolleries,
Luy dis comme le Roy estoit aux Tuilleries,
Ce qu'au Louure on disoit qu'il seroit ce lourd'huy,
Qu'il deuroit se tenir tousiours auprés de luy,

Dieu ſçait combien alors, il me diſt de ſottiſes,
Parlant de ſes hauts faiĉts, & de ſes vaillantiſes,
Qu'il auoit tant ſeruy, tant faiĉt la faĉtion,
Et n'auoit cependant aucune penſion,
Mais qu'il ſe conſoloit, en ce qu'aumoins l'Hiſtoire,
Comme on fait ſon trauail, ne derobroit ſa gloire,
Et s'y met ſi auant que ie creu que mes iours,
Deuoient pluſtoſt finir, que non pas ſon diſcours.

Mais comme Dieu voulut apres tant de demeures,
L'orloge du Palais, vint à fraper onze heures,
Et luy qui pour la ſouppe auoit l'eſprit ſubtil,
A quelle heure Monſieur, voſtre oncle diſne-til.

Lors bien peu s'en falut, ſans plus longtans attendre,
Que de rage au gibet, ie ne m'allaſſe pendre.
Encor l'euſſe-ie fait eſtant deſeſperé,
Mais ie croy que le Ciel, contre moy coniuré,
Voulut que s'acompliſt ceſte auanture mienne,
Que me diſt ieune enfant vne Bohemienne.

Ny la peſte, la fain, la verolle, la tous,
La fieure, les venins, les larrons, ny les lous,
Ne tueront ceſtuy, cy, mais l'importun langage,
D'vn facheux, qu'il s'en garde, eſtant grand, s'il eſt ſage.

Comme il continuoit ceſte vieille chanſon,
Voicy venir quelqu'vn d'aſſez pauure façon:
Il ſe porte au deuant, luy parle, le cageolle,
Mais ceſt autre à la fin, ſe monta de parole,
Monſieur ceſt trop long-tans : tout ce que vous voudrez,
Voicy l'Arreſt ſigné, non Monſieur vous viendrez.
Quand vous ſerez dedans vous ferez a partie,

I ÿ

Et moy qui cependant n'estois de la partie,
J'esquiue doucement, & m'en vais à grand pas,
La queue en loup qui fuit, & les yeux contre bas,
Le cœur sautant de ioye, & triste d'aparance,
Depuis aux bons Sergens i'ay porté reuerance,
Comme a des gens d'honneur, par qui le Ciel voulut,
Que ie receusse vn iour le bien de mon salut.

    Mais craignant d'encourir vers toy le mesme vice,
Que ie blasme en autruy, ie suis a ton seruice,
Et prie Dieu qui nous garde, en ce bas monde icy,
De faim, d'vn importun, de froid, & de soucy.

FIN.

A MONSIEVR
Rapin.

SATYRE IX.

Apin le fauorit d'Apollon & des
    Muses,
    Pendant qu'en leur meſtier iour & nuit
    tu t'amuſes,
    Et que d'vn vers nombreux non encoré
    chanté,
Tu te fais vn chemin à l'immortalité,
Moy qui n'ay n'y l'eſprit n'y l'halaine aſſez forte,
Pour te ſuiure de prez & te ſeruir d'eſcorte,
Je me contenteray ſans me precipiter,
D'admirer ton labeur ne pouuant l'imiter,
    Et pour me ſatisfaire au deſir qui me reſte,
De rendre ceſt hommage à chacun manifeſte,
Par ces vers i'en prens acte, affin que l'auenir,
De moy par ta vertu, ſe puiſſe ſouuenir,
Et que ceſte memoire à iamais s'entretienne,
Que ma Muſe imparfaite eut en honneur la tienne,
Et que ſi i'eus l'eſprit d'ignorance abatu,
Ie l'eux au moins ſi bon, que l'aymay ta vertu;

I iij

Contraire à ces refueurs dont la Muse infolente,
Cenfurant le plus vieux arroganment fe vante,
De reformer les vers non les tiens feulement,
Mais veulent deterrer les Grecs du monument,
Les Latins, les Hebreux, & toute l'Antiquaille,
Et leur dire à leur nez qu'ils n'ont rien fait qui vaille,

  Ronfard en fon meftier n'eftoit qu'un aprentif,
Il auoit le cerueau fantaftique & rétif,
Defportes n'eft pas net, du Bellay trop facille,
Belleau ne parle pas comme on parle à la ville,
Il a des mots hargneux bouffis & releuez,
Qui du peuple auiour d'huy ne font pas aprouuez.

  Commét il nous faut doncq' poar faire vne œuure grande
Qui de la calomnie & du tans fe deffende,
Qui trouue quelque place entre les bons autheurs,
Parler comme à fainct Iean, parlent les Crocheteurs.

  Encore ie le veux pourueu qu'ils puiffent faire,
Que ce beau fçauoir entre en l'efprit du vulgaire,
Et quand les Crocheteurs feront Pœtes fameux;
Alors fans me facher ie parleray comme eux.

  Penfent-ils des plus vieux offençant la memoire,
Par le mefpris d'autruy s'aquerir de la gloire,
Et pour quelque vieux mot, eftrange, ou de trauers,
Prouuer qu'ils ont raifon de cenfurer leurs vers,
(Alors qu'vne œuure brille & d'art, & de fcience,
La verue quelque fois s'egaye en la licence.)

  Il femble en leurs difcours hautain & genereux
Que le Cheual volant n'ait piffé que pour eux,
Que Phœbus à leur ton accorde fa vielle,

Que la Mouche du Grec leur leures emmielle,
Qu'ils ont seuls icy bas trouué la Pie au nit,
Et que des hauts esprits le leur est le zenit:
Que seuls des grands secrets ils ont la cognoissance,
Et disent librement que leur experience,
A rafiné les vers fantastiques d'humeur,
Ainsi que les Gascons ont fait le point d'honneur,
Qu'eux tous seuls du bien dire ont trouué la metode,
Et que rien n'est parfaict s'il n'est fait à leur mode.
     Cependant lenr sçauoir ne s'estend seulement,
Qu'à regrater vn mot douteux au iugement,
Prendre garde qu'vn qui ne heurte vne diphtongue,
Epier si des vers la rime est breue ou longue,
Où bien si la voyelle à l'autre s'vnissant:
Ne rend point à l'oreille vn vers trop languissant,
Et laissent sur le verd le noble de louurage,
Nul eguillon diuin n'esleue leur courage,
Il rampent bassement foibles d'inuentions,
Et n'osent peu hardis tanter les fictions
Froids à l'imaginer, car s'ils font quelque chose
C'est proser de la rime, & rimer de la prose.
Que l'art lime & relime & polit de façon,
Qu'elle rend à l'oreille vn agreable son,
Et voyant qu'vn beau feu, leur ceruelle n'embrase,
Ils attifent leurs mots agcolliuent leur frase,
Affectent leur discours tout si releue d'art,
Et peignent leur defaux de couleurs & de fard,
Aussi ie les compare à ces femmes iolies,
Qui par les Affiquets se rendeot embelies,

Qui gentes en habits & fades en façons,
Parmy leur point coupé tendent leur hameçons,
Dont l'œil rit molement auecque affeterie,
Et de qui le parler n'est rien que flaterie:
De rubans piolez s'agencent proprement,
Et toute leur beauté ne gist qu'en l'ornement,
Leur visage reluit de ceruse & de peautre,
Propre en leur coifure vn poil ne passe l'autre.

Ou ses diuins espris hautains & releuez,
Qui des eaux d'Helicon ont les sens abreuuez:
De verue & de fureur leur ouurage etincelle,
De leurs vers tout diuins la grace est naturelle,
Et font comme lon voit la parfaite beauté,
Qui contante de soy, laisse la nouueauté,
Que l'art trouue au Palais ou dans le blanc d'Espagne
Rien que le naturel sa grace n'acompagne,
Son front laué d'eau claire éclaté d'vn beau teint,
De roses & de lys la Nature la peint,
Et laissant la Mercure, & toute ses malices,
Les nonchalances sont les plus grands artifices.

Or Rapin quant a moy qui n'ay poinr tant d'esprit,
Je vay le grand chemin que mon oncle m'aprit,
Laissant la ces Docteurs que les Muses instruisent,
En des arts tout nouueaux, & s'ils font comme ils disent,
De ses fautes vn liure aussi gros que le sien,
Telles ie les croiray quand ils auront du bien,
Et que leur belle Muse a mordre si cuisante,
Leur don'ra comme a luy dix mil escus de rente,
De l'honneur, de l'estime, & quand par l'Vniuers,

Sur le

Sur le lut de Dauid on chantera leurs vers,
Qu'ils auront ioint l'vtille auecq' le delectable,
Et qu'ils sçauront rimer vne aussi bonne table,
  On fait en Italie vn conte assez plaisant,
Qui vient à mon propos, qu'vnefois vn Païsant,
Homme fort entendu & suffisant de teste,
Comme on peut aisement, iuger par sa requeste:
S'en vint trouuer le Pape & le voulut prier,
Que les Prestres du tans se peussent marier,
Affin ce disoit-il que nous puissions nous autres,
Leurs femmes caresser, ainsi qu'il font les nostres.
  Ainsi suis-ie d'auis, comme ce bon lourdaut,
S'ils ont l'esprit si bon, & l'intellect si haut,
Le iugement si clair, qu'ils fassent vn ouurage,
Riche d'inuentions, de sens, & de langage,
Que nous puissions draper comme ils font nos escris,
Et voir comme l'on dit, s'ils sont si bien apris,
Qu'ils montrent de leur eau, qu'ils entrent en cariere,
Leur age defaudra plustost que la matiere,
Nous sommes en vn siecle ou le Prince est si grand,
Que tout le monde entier, a peine le comprend,
Qu'ils fassent par leurs vers, rougir chacun de honte,
Et comme de valeur nostre Prince surmonte,
Hercule, Ænée, Achil, qu'ils ostent les lauriers,
Aux vieux, comme le Roy, la fait aux vieux guerriers:
Qu'ils composent vne œuure, on verra leur liure,
Apres mile, & mile ans, sera digne de viure,
Surmontant par vertu, l'enuie, & le Destin,
Comme celuy d'Homere, & du chantre Latin.

K

SATYRE IX.

Mais Rapin mon amy c'est la vieille querelle,
L'homme le plus parfaict, a manque de ceruelle,
Et de ce grand defaut vient l'imbecilité,
Qui rend l'homme hautain, insolent, effronté,
Et selon le suget qu'à l'œil il se propose,
Suiuant son apetit il iuge toute chose.

Aussi selon noz yeux, le Soleil est luysant,
Moy-mesme en ce discours qui fay le suffisant,
Ie me cognoy frapé, sans le pouuoir comprendre,
Et de mon vercoquin ie ne me puis deffendre.

Sans iuger, nous iugeons, estant nostre raison,
La haut dedans la teste, ou selon la saison,
Qui regne en nostre humeur les brouillas, nous embrouillēt
Et de lieures cornus, le cerueau nous barbouillent.

Philosophes reueurs discourez hautement,
Sans bouger de la terre allez au firmament,
Faites que tout le Ciel branle à vostre cadance,
Et pesez voz discours, mesme, dans sa Balance,
Congnoissez les humeurs, qu'il verse de sus nous,
Ce qui se fait de sus, ce qui se fait de sous,
Portez vne lanterne aux cachots de Nature,
Scachez qui donne aux fleurs, ceste aymable painture,
Quelle main sus la terre, en broye la couleur,
Leurs secretes vertus, leurs degrez de chaleur,
Voyez germer à l'œil, les semances du monde,
Allez mettre couuer les poissons, dedans l'onde
Dechifrez les secrets, de Nature & des Cieux,
Vostre raison vous trompe, aussi-bien que vos yeux.

Or ignorant de tout, de tout ie me veus rire,

Faire de mon humeur, moy-mesmé vne Satyre,
N'estimer rien de vray qu'au goust il ne soit tel,
Viure, & comme Chrestien adorer l'Immortel,
Ou gist le seul repos qui chassel'Ignorance,
Ce qu'on voit hors de luy, n'est que sote aparance,
Piperie, artifice, encore ô crauté,
Des hommes, & du tans, nostre mechancté,
S'en sert aux passions, & de sous vne aumusse,
L'Ambition, l'Amour, l'Auarice ce musse:
L'on se couure d'vn stocq pour tromper les ialoux,
Les Temples auiourd'huy, seruent aux rendez-vous;
Derriere les pilliers, on oit mainte sornete,
Et comme dans vn bal, tout le monde y caquette,
On doit rendre suiuant, & le tans, & le lieu,
Ce qu'on doit à Cesar, & ce qu'on doit à Dieu,
Et quant aux apetis de la sottise humaine,
Comme vn homme sans goust, ie les ayme sans peine,
Aussi bien rien n'est bon que par affection,
Nous iugeons, nous voyons selon la passion.
   Le Soldat auiourd'huy ne resue que la guerre,
En paix le Laboureur, veut cultiuer sa terre:
L'Auare n'a plaisir qu'en ses doubles ducas,
L'Amant iuge sa Dame vn chef d'œuure icy bas,
Encore qu'elle n'ait sur soy rien qui soit d'elle,
Que le rouge, & le blanc, par art la fasse belle,
Quelle ante en son palais ses dents tous les matins,
Quelle doiue sa taille au bois de ses patins,
Que son poil des le soir, frisé dans la boutique,
Comme vn casque au matin, sur sa teste s'aplique,

K ij

Qu'elle ait comme vn piquier le corselet au dos
Qu'à grand paine sa peau puisse couurir ses os
Et tout ce qui de iour, la fait voir si doucete,
La nuit comme en depost soit de sous la toillette?
Son esprit ylceré iuge en sa passion,
Que son taint fait la nique à la perfection.

    Le soldat tout-ainsi pour la guerre soupire
Iour & nuit il y pense & tousiours la desire,
Il ne resue la nuit, que carnage, & que sang,
La pique dans le poing, & l'estoc sur le flanc,
Il pense mettre a chef quelque belle entreprise,
Que forçant vn chasteau tout est de bonne prise,
Il se plaist aux tresors qu'il cuide rauager,
Et que l'honneur luy rie au milieu du danger.

    L'Auare d'autre part n'ayme que la richesse,
C'est son Roy sa faueur, la court & sa maitresse,
Nul obiect ne luy plaist, sinon l'or & l'argent,
Et tant plus il en a plus il est indigent.

    Le Paisant d'autre soing se sent l'ame ambrasse,
Ainsi l'humanité sottement abusse,
Court a ses apetis qui l'aueuglent si bien,
Qu'encor quelle ait des yeux si ne voit elle rien,
Nul choix hors de son goust ne regle son enuie,
Mais s'aheurte ou sans plus quelque apas la conuie,
Selon son apetit le monde se repaist,
Qui fait qu'on trouue bon seulement ce qui plaist.

    O debille raison ou est ores ta bride,
Ou ce flambeau qui sert aux personnes de guide,
Contre les passions trop foible est ton secours,

Et souuent courtisane apres elle tu cours,
Et sauourant l'apas qui ton ame ensorcelle,
Tu ne vis qu'à son goust, & ne voys que par elle.

De là vient qu'vn chacun mesmes en son defaut,
Pense auoir de l'esprit autant qu'il luy en faut,
Aussi rien n'est party si bien par la nature,
Que les sens, car chacun en à sa fourniture.

Mais pour nous moins hardis à croire à nos raisons,
Qui reglons nos espris par les comparaisons,
D'vne chose auecq' l'autre, épluchons de la vie,
L'action qui doit estre, ou blasmée, ou suiuie,
Qui criblons le discours, au chois se variant,
D'auecq' la fauceté, la verité triant,
(Tant que l'homme le peut) qui formons nos ouurages,
Au moules si parfaict de ces grands personnages,
Qui depuis deux mille ans, ont acquis le credit,
Qu'en vers rien n'est parfaict, que ce qu'ils en ont dit.

Deuons nous aujourd'huy pour vne erreur nouuelle,
Que ces clers deuoyés forment en leur ceruelle,
Laisser legerement la vieille opinion,
Et suiuant leurs auis croire à leur passion.

Pour moy les Huguenots pouroient faire miracles,
Ressusciter les morts, rendre de vrais oracles,
Que ie ne pourois pas croire à leur verité,
En toute opinion ie fuy la nouueauté,
Aussi doit-on plutost imiter nos vieux peres,
Que suiure des nouueaux, les nouuelles Chimeres,
De mesme en l'art diuin, de la Muse doit-on
Moins croire à leur esprit, qu'à l'esprit de Platon.

K iij

Mais Rapin à leur goust, si les vieux sont profanes,
Si Virgille, le Tasse, & Ronsard sont des asnes,
Sans perdre en ces discours le tans que nous perdons,
Allons comme eux aux champs & mägeons des chardons.

FIN.

A MONSIEVR
Fremínet.

SATYRE X.

O n dit que le grand Peíntre ayant fait
vn ouurage,
Des iugemens d'autruy, tiroit ceste
auantage,
Que selon qu'il iugeoit qu'ils estoient
vrays, ou faux,
Docile à son profit, reformoit ses
defaux,
Or cestoit du bon tans que la hayne, & l'enuye,
Par crimes suposez n'attentoient à la vie
Que le Vray du Propos estoit cousin germain,
Et qu'vn chacun parloit le cœu dedans la main.
Mais que seruiroit-il maintenant de pretendre
S'amander par ceux là qui nous viennent reprendre,
Si selon l'interest tout le monde discourt:
Et si la verité n'est plus femme de court:
S'il n'est bon Courtisan, tant frisé peut-il estre,

S'il à bon apetit, qu'il ne iure à son maiſtre,
Des la pointe du iour, qu'il eſt midy ſonné,
Et qu'au logis du Roy tout le monde à diſné,
Eſtrange effronterie en ſi peu d'importance
Mais de ce coſté la, ie leur donrois quittance,
S'ils vouloient s'obliger d'épargner leurs amys,
Ou par raiſon d'eſtat il leur eſt bien permis.

Cecy pourroit ſuffire a refroidir vne ame,
Qui n'oſe rien tenter pour la crainte du blaſme,
A qui la peur de perdre, enterre le talent:
Non pas moy qui ne ri d'vn eſprit nonchalant,
Qui pour ne faillir point retarde de bien faire:
C'eſt pourquoy maintenant ie m'expoſe au vulgaire
Et me donne pour bute aux Iugemens diuers.
Qu'vn chacun, taille, roigne, & gloſe ſur mes vers,
Qu'vn reſueur inſolent, d'ignorance m'accuſe
Que ie ne ſuis pas net, que trop ſimple eſt ma Muſe,
Que i'ay l'humeur bizarre, inégal le cerueau,
Et s'il luy plaiſt encor qu'il me relie en veau,
Auant qu'aller ſi vite, au moins ie le ſupplie,
Sçauoir que le bon vin ne peut eſtre ſans lie,
Qu'il n'eſt rien de parfait en ce monde auiourd'huy,
Qu'homme ie ſuis ſuget, a faillir comme luy:
Et qu'au ſurplus, pour moy, qu'il ſe face paroiſtre
Auſſi vray, que pour luy, ie m'efforce de l'eſtre.

Mais ſcais-tu Freminet ceux qui me blaſmeront,
Ceux qui dedans mes vers leurs vices trouueront:
A qui l'Ambition, la nuit tire l'oreille,
De qui l'eſprit auare en repos ne ſomeille,

Touſiours

Tousiours s'alambiquant apres noueaux partis,
Qui pour Dieu, ny pour loy, n'ont que leurs apetis,
Qui rodent toute nuict, troublez de ialousie,
A qui l'amour lascif regle la fantasie,
Qui preferent vilains le profit à l'honneur,
Qui par fraude ont rauy les terres d'vn myneur.

Telles sortes de gens vont apres les Poëtes,
Comme apres les hiboux vont criant les Chouettes.
Leurs femmes vous diront fuyez ce medisant,
Facheuse est son humeur, son parler est cuisant,
Quoy Monsieur l'nest-ce pas, c'est homme à la Satyre,
Qui perdroit son amy, plustost qu'vn mot pour rire,
Il emporte la piece! & c'est là de par-Dieu,
(Ayant peur que ce soit celle-la du milieu)
Où le soulier les blece, autrement ie n'estime
Qu'aucune eust volonté de m'accuser de crime.

Car pour elles depuis qu'elles viennent au point,
Elles ne voudroient pas que lon ne le sceust point,
Vn grand contentement mal-aisément ce celle.
Puis c'est des amoureux la regle vniuerselle,
De defferer si fort à leur affection
Qu'ils estiment honneur leur folle passion.

Et quant est, de l'honneur de leurs maris, ie pense,
Qu'aucune a bon escient n'en prendroit la deffence,
Sçachant bien qu'on n'est pas tenu par charité,
De leur donner vn bien qu'elles leur ont osté.

Voila le grand mercy que iauray de mes paines,
C'est le cours du marché des affaires humaines,
Qu'encores qu'vn chacun vaille icy bas son pris

L

Le plus cher toutesfois est souuent a mépris.

   Or amy ce n'est point vne humeur de médire,
Qui m'ayt fait rechercher ceste façon d'écrire,
Mais mon Pere m'aprist que des enseignemens,
Les humains aprentifs, formoient leurs iugemens,
Que l'exemple d'autruy doibt rendre l'homme sage,
Et guettant a propos les fautes au passage,
Me disoit, considere, ou cest homme est reduict,
Par son ambition, ceste autre toute nuict,
Boit auec des Putains, engage son domaine,
L'autre sans trauailler, tout le iour se promeyne,
Pierre le bon enfant aux deZ à tout perdu,
Ces iours le bien de Iean, par decret fut vendu:
Claude ayme sa voysine, & tout son bien luy donne,
Ainsi me mettant, l'œil sur chacune personne,
Qui valoit quelque chose, ou qui ne valoit rien,
Ma prenoit doucement & le mal, & le bien,
Affin que fuyant l'vn, l'autre ie recherchasse,
Et qu'aux despens d'autruy sage ie m'enseignasse.

   Sçays-tu si ces propos me sceurent esmouuoir,
Et contenir mon ame en vn iuste deuoir,
S'ils me firent penser a ce que l'on doit suiure,
Pour bien & iustement en ce bas monde viure.

   Ainsi que d'vn voisin le trespas suruenu,
Fait resoudre vn malade, en son lict detenu,
A prendre malgré luy tout ce qu'on luy ordonne,
Qui pour ne mourir point, de crainte se pardonne,
De mesmes les espris, debonnaires, & doux,
Se façonnent prudens, par l'exemple des foux,

Et le blasme d'autruy, leur fait cés bons offices.
Qu'il leur aprend que c'est de vertus, & de vices.

   Or quoy que i'aye fait, si m'en sont-ils restez,
Qui me pouront par l'âge, à la fin estre ostez,
Ou bien de mes amys, auec la remonstrance,
Ou de mon bon Demon, suyuant l'intelligence:
Car quoy qu'on puisse faire estant homme, on ne peut,
Ny viure comme on doit, ny viure comme on veut
En la terre icy bas, il n'habitte point d'Anges:
Or les moins vicieux, meritent des loüanges,
Qui sans prendre l'autruy viuent en bon Chrestien,
Et sont ceux qu'on peut dire & saincts & gens de bien.

   Quand ie suis a par moy souuent ie m'estudie,
(Tant que faire ce peut aprés la maladie)
Dont chacun est blecé, ie pense à mon deuoir,
I'ouure les yeux de l'ame, & m'esforce de voir,
Au trauers d'vn chacun, de l'esprit ie m'escrime,
Puis dessus le papier mes caprices ie rime,
Dedans vne Satyre, ou d'vn œil doux amer,
Tout le monde s'y voit, & ne si sent nommer.

   Voila l'vn des pechez, ou mon ame est encline,
On dit que pardonner est vne œuure diuine,
Celuy m'obligera qui voudra m'excuser,
A son goust toutésfois chacun en peut vser:
Quant a ceux du mestier, ils ont de quoy s'ebatre,
Sans aller sur le pré nous nous pouuons combatre,
Nous montrant seulement de la plume ennemis,
En ce cas là, du Roy les duëls sont permis:
Et faudra que bien forte ils facent la partie,

SATYRE X.

Si les plus fins d'entre eux s'en vont sans repartie;
Mais c'est vn Satyrique il le faut laisser là:
Pour moy i'en suis d'auis, & cognois a cela,
Qu'ils ont vn bon esprit, Corsaires, à Corsaires,
L'vn l'autre s'attaquant, ne font pas leurs affaires.

FIN.

DISCOVRS
au Roy.

L'estoit presque iour, & le ciel souriant.
Blanchissoit de clairté les peuples d'Oriant,
L'Aurore aux cheueux d'or, au visage de roses
Desia comme à demy decouuroit toutes choses,
Et les oyseaux perchez en leurs feuilleux seiour,
Commençoient s'eueillant à se plaindre d'amour:
Quand ie vis en sursaut, vne beste effroyable,
Chose estrange a conter, toutesfois veritable,
Qui plus qu'vn Hydre affreuse à sept gueulles meuglant,
Auoit les dens d'acier, l'œil horible, & sanglant,
Et pressoit a pas torts vne Nimphe fuyante,
Qui reduite aux bois, plus morte que viuante,
Halétante de peine, en son dernier recours,
Du grand Mars des François imploroit le secours,
Embrassoit ses genoux, & l'appellant aux armes,
N'auoit autre discours que celuy de ses larmes

L iij

Ceste Nimphe estoit d'âge, & ses cheueux meslez,
Flotoient au gré du vent, sur son dos aualez,
Sa robe estoit d'azur, ou cent fameuses villes,
Eleuoient leurs clochers sur des plaines fertilles,
Que Neptune arosoit de cent fleuues épars,
Qui dispersoient le yure aux gens de toutes pars,
    Les vilages epais fourmilloient par la plaine,
De peuple, & de betail, la campaigne estoit plaine:
Qui s'employant aux ars meloient diuersement,
La fertile abondance, auecque l'ornement,
Tout y reluisoit d'or, & sur la broderie
Eclatoit le brillant de mainte piererie.
    La mer aux deux costés ceste ouurage bordoit:
L'Alpe de la main gauche en biais s'epandoit,
Du Rhain, iusque en Prouence, & le mont qui partage
D'auecque l'Espagnol le François heritage,
De l'Aucate à Bayonne en cornes se haussant,
Monstroit son front pointu de neges blanchissant.
    Le tout estoit formé d'yne telle maniere,
Que l'art ingenieux excedoit la matiere.
Sa taille estoit Auguste, & son chef couronné,
De cent fleur de lis d'or estoit enuironné,
    Ce grand Prince voyant le soucy qui la greue,
Touché de pieté, la prend & la releue,
Et de feux estoufant ce funeste animal,
La deliura de peur aussi-tost que de mal,
Et purgeant le venin dont elle estoit si plaine,
Rendit en yn instant la Nimphe toute saine
    Ce Prince ainsi qu'yn Mars en armes glorieux,

De palmes ombrageoit son chef victorieux,
Et sembloit de ses mains au combat animées,
Comme foudre ietter la peur dans les armées,
Ses exploits achenez en ses armes viuoient:
Là les camps de Poytou d'vne part s'éleuoient,
Qui superbes sembloient s'honorer en la gloire,
D'auoir premiers chanté sa premiere victoire.

    Diepe de l'autre part sur la mer s'alongeoit,
Où par force il rompoit le camp qui l'assiegeoit,
Et poussant plus auant ses troupes epanchées
Le matin en chemise il surprit les tranchées.
Là Paris deliuré de l'Espagnolle main,
Se dechargeoit le col de son iong inhumain.

    La campagne d'Iury sur le flanc cizellée,
Fauorisoit son Prince au fort de la meslée,
Et de tant de Ligueurs par sa dextre vaincus
Au Dieu de la bataille, apendoit les escus.

    Plus haut estoit Vandôme, & Chartres, & Pontoise
Et l'Espagnol defait à Fontaine Françoise,
Où la valeur du foible emportant le plus fort
Fist voir que la vertu, ne craint aucun effort.

    Plus bas dessus le ventre au naif contrefaite
Estoit pres d'Amiens la honteuse retraite
Du puissant Archiduc, qui creignant son pouuoir,
Creut que c'estoit en guerre assez que de le voir.

    Deçà delà luitoit mainte troupe rangée,
Mainte grande cité gemissoit assiegee,
Où si tost que le fer l'en rendoit posseur,
Aux rebelles vaincus il vsoit de douceur,

Vertu rare aux vainqueur, dont le courage extreme
N'a gloire en la fureur que se vaincre soy-mesme,
  Le chesne, & le laurier cest ouurage ombrageoit,
Ou le peuple deuot sous ses loys se rangeoit,
Et de vœus, & d'encens, au ciel faisoit priere,
De conseruer son Prince en sa vigueur entiere.
  Maint puissant ennemy domté par sa vertu,
Languissoit dans les fers sous ses pieds abatu,
Tout semblable à l'enuie a qui l'estrange rage,
De l'heur de son voisin ensielle le courage,
Hideuse, bazanée, & chaude de rancœur,
Qui ronge ses poulmons, & se mache le cœur,
  Apres quelque priere en son cœur prononcée,
La Nimphe en le quittant au ciel s'est elancée,
Et son corps dedans l'air demourant suspendu:
Ainsi comme vn Milan, sur ses aisles tendu,
S'areste en vne place, ou changeant de visage,
Vn brullant eguillon luy pique le courage,
Son regard estincelle, & son ceruaeu tremblant
Ainsi comme son sang d'horteur se va troublant,
Son estommac pantois sous la chaleur frissonne,
Et chaude de l'ardeur qui son cœur epoinçonne,
Tandis que la fureur precipitoit son cours,
Veritable Prophete elle fait ce discours.
  Peuple, l'obiet piteux du reste de la terre,
Indocile à la paix, & trop chaud à la guerre,
Qui fecond en partis, & leger en desseins,
Dedans ton propre sang souilles tes propres mains,
Entens ce que ie dis atentif à ma bouche,

Et qu'au

Et qu'au plus vif du cœur ma parolle te touche;

   Depuis qu'irreuerant enuers les Immortels,

Tu tâches de mépris l'Eglise, & ses autels,

Qu'au lieu de la raison gouuerne l'insolence,

Que le droit alteré n'est qu'vne violence,

Que par force le foible est foullé du puissant,

Que la ruse rauit le bien a l'innocent;

Et que la vertu saincte en public méprisée,

Sert aux ieunes de masque, aux plus vieux de risée,

(Prodige monstrueux) & sans respect de foy,

Qu'on s'arme ingratement au mépris de son Roy,

La Iustice, & la Paix, tristes & desolées,

D'horreur se retirant au ciel s'en sont volées,

Le bon-heur aussi tost a grand pas les suiuit,

Et depuis de bon œil le Soleil ne te vit.

   Quelque orage tousiours qui s'éleue a ta perte,

A comme d'vn brouillas ta personne couuerte,

Qui tousiours prest a fondre en échec te retient,

Et mal-heur sur mal-heur a chaque heure te vient.

   On a veu tant de fois la ieunesse trompée,

De tes enfans passez au tranchant de l'espée,

Tes filles sans honneur errer de toutes pars,

Ta maison, & tes biens saccagez des Soldars,

Ta femme insolemment d'entre tes bras rauie,

Et le fer tous les iours s'atacher à ta vie.

   Et cependant aueugle en tes propres effets,

Tout le mal que tu sens, c'est toy qui te le faits,

Tu t'armes a ta perte; & ton audace forge,

L'estoc dont furieux tu te coupes la gorge.

                    M

Mais quoy tant de mal-heurs te suffisent-ils pas?
Ton Prince comme vn Dieu, te tirant du trespas,
Rendit de tes fureurs les tempestes si calmes,
Qu'il te fait viure en paix a l'ombre de ses palmes,
Astrée en sa faueur demeure en tes citez,
D'hommes, & de betail les champs sont habitez,
Le Paysant n'ayant peur des bannieres estranges,
Chantant coupe ses bleds, riant fait ses vandanges,
Et le Berger guidant son troupeau bien noury
Enfle sa cornemuse en l'honneur de Henry.
Et toy seul cependant, oubliant tant de graces,
Ton aise trahissant de ses biens tu te lasses.

Vien ingrat respon-moy, quel bien esperes tu
Apres auoir ton Prince en ses murs combatu?
Apres auoir trahy pour de vaines chimeres,
L'honneur de tes ayeux, & la foy de tes peres?
A pres auoir cruel tout respect violé,
Et mis a labandon ton pays desolé?

Atten-tu que l'Espaigne, auecq' son ieune Prince,
Dans son monde nouueau te donne vne Prouince?
Et qu'en ces trahisons, moins sage deuenu,
Vers toy par ton exemple il ne soit retenu?
Et qu'ayant dementi ton amour naturelle,
A luy plus qu'a ton Prince il t'estime fidelle?
Peut estre que ta race, & ton sang violent,
Issu comme tu dis d'Oger, ou de Roland,
Ne te veut pas permetre encore ieune d'age
Qu'oysif en ta maison se rouille ton courage,
Et rehaussant ton cœur, que rien ne peut ployer,

Te fait chercher vn Roy qui te puiſſe employer,
Qui la gloire du ciel, & l'effroy de la terre,
Soit comme vn nouueau Mars indomtable à la guerre,
Qui ſcache en pardonnant les diſcords étoufer,
Par clemence auſſi grand, comme il eſt par le fer.

Cours tout le monde entier de Prouince en Prouince,
Ce que tu cherches loing habite en noſtre Prince.

Mais quels exploits ſi beaux a fait ce ieune Roy,
Qu'il faille pour ſon bien que tu fauces ta foy?
Trahiſſes ta partie, & que d'iniuſtes armes,
Tu la combles de ſang, de meurtres, & de larmes?

Si ton cœur conuoiteux eſt ſi vif, & ſi chaud,
Cours la Flandre, ou iamais la guerre ne defaut,
Et plus loing ſur les flancs d'Autriche & d'Alemagne,
De Turcs, & de turbans enionche la campagne,
Puis tout chargé de coups, de vielleſſe, & de biens,
Reuien en ta maiſon mourir entre les tiens.
Tes fils ſe mireront en ſi belles dépouilles,
Les vieilles au foyer en fillant leur quenouilles,
En chanteront le conte, & braue en argumens,
Quelque autre Iean de Mun en fera des Romans.

Où ſi trompant ton Roy tu cours autre fortune,
Tu trouueras ingrat toute choſe importune,
A Naples, en Sicille, & dans ces autres lieux,
Où l'on t'aſſignera, tu ſeras odieux,
Et lon te fera voir auecq' ta conuoitiſe,
Qu'apres les trahiſons les traiſtres on mepriſe.

Les enfans étonnés s'enfuiront te voiant,
Et l'Artiſan moqueur aux places t'efroyant,

Rendant par tes brocards ton audace flétrie,
Dira ce traistre icy nous vendit sa patrie,
Pour l'espoir d'vn Royaume en Chimeres conçeu,
Et pour tous ses desseins du vent il a reçeu.

Ha! que ces Paladins viuans dans mon Histoire,
Non comme toy touchez d'vne batarde gloire,
Te furent differens, qui courageux par tout,
Tindrent fidellement mon enseigne debout,
Et qui se repandants ainsi comme vn tonnerre,
Le fer dedans la main firent trembler la terre,
Et tant de Roys Payens sous la Croix deconfis,
Asseruirent vaincus au pieds du Crucifis,
Dont les bras retroussez, & la teste panchée,
De fers honteusement au triumphe aachée
Furent de leur valeur tesmoins si glorieux,
Que les noms de ces preux en sont escris aux Cieux.

Mais si la pieté de ton cœur diuertie,
En toy pauure insensé n'est du tout amortie,
Si tu n'as tout à fait reietté loing de toy,
L'amour, la charité, le deuoir, & la foy,
Ouure tes yeux sillez, & voy de quelle sorte
D'ardeur precipité la rage te transporte,
T'enuelope l'esprit, t'esgarant insensé,
Et iuge l'auenir par le siecle passé.

Si tost que ceste Nimphe en son dire enflamée,
Pour finir son propos eut la bouche fermée,
Plus haute s'éleuant dans le vague des Cieux,
Ainsi comme vn éclair disparut à nos yeux,
Et se monstrant Déesse en sa fuite soudaine,

I a place elle laissa, de parfun toute plaine,
Qui tombant en rosée aux lieux les plus prochains
Reconforta le cœur, & l'esprit des humains.

HENRY le cher suget de nos sainctes prieres,
Que le Ciel reservoit a nos peines dernieres,
Pour rétablir la France au bien non limité
Que le Destin promet a son eternité.

Apres tant de combats, & d'heureuses victoires,
Miracles de noz tans, honneur de noz Histoires,
Dans le port de la paix, Grand Prince, puisses-tu
Mal-gré tes ennemis exercer ta vertu:
Puisse estre a ta grandeur le Destin si propice,
Que ton cœur de leurs trets rebouche la malice,
Et s'armant contre toy puisse-tu dautant plus,
De leurs efforts domter le flus, & le reflus.
Et comme vn sainct rocher opposant ton courage,
En écume venteuse en dissiper l'orage,
Et braue t'éleuant par dessus les dangers
Estre l'amour des tiens, l'effroy des estrangers.

Attendant que ton fils instruit par sa vaillance,
De sous tes étendars sortant de son enfance,
Plus fortuné que toy, mais non pas plus vaillant,
Aille les Othomans iusqu'au Caire assaillant,
Et que semblable a toy foudroyant les armées
Il ceuille auecq' li den les Palmes Idumées
Puis tout flambant de gloire en France reuenant,
Le Ciel mesme la haut de ses faits s'etonnant,
Qu'il epande a tes pieds les depouilles conquises,
Et que de leurs drapeaux il pare noz Eglises.

DISCOVRS.

Alors raieuniſſant au recit de ſes faits,
Tes deſirs, & tes vœus en ſes œuures parfaits,
Tu reſſentes d'ardeur ta vielleſſe eſchauffée,
Voyant tout l'Vniuers nous ſeruir de trophée;

Puis n'eſtant plus icy choſe digne de toy,
Ton fils du monde entier reſtant paiſible Roy,
Sous tes modelles ſainſls & de paix, & de guerre,
Il regiſſe puiſſant en Iuſtice la terre,
Quand apres vn long-tans tont Eſprit glorieux,
Sera des mains de Dieu couronné dans les Cieux.

FIN.